Marketing en Instagram

Cómo dominar su nicho en 2019 promocionando su pequeña empresa y marca personal en una red social súper popular y aprovechar a sus influencers

© **Copyright 2019**

Todos los derechos reservados. Ninguna parte de este libro puede ser reproducida de ninguna forma sin permiso escrito del autor. En el caso de reseña de libros, podrán citarse breves pasajes.

Aviso legal: Ninguna parte de esta publicación puede ser reproducida o transmitida de ninguna forma ni de ningún modo, mecánico o electrónico, incluso fotocopiado o grabado, o por cualquier sistema de recuperación o almacenaje de información, o transmitido por correo electrónico sin permiso escrito del editor.

Mientras que la intención ha sido verificar toda la información ofrecida en esta publicación, ni el autor ni el editor asumen responsabilidad alguna por errores, omisiones o interpretaciones contradictorias del tema del presente documento.

Este libro tiene como único fin el entretenimiento. Las opiniones expresadas son únicamente las del autor y no deben ser tomadas como órdenes o formación experta. El lector es responsable de sus propias acciones.

El comprador o lector es el único responsable de cumplir todas las leyes y regulaciones aplicables, incluyendo las leyes internacionales, federales, estatales y locales que rigen las licencias profesionales, prácticas empresariales, publicidad y todos los demás aspectos de hacer negocios en EE. UU., Canadá, Reino Unido o cualquier otra jurisdicción.

Ni el autor ni el editor asumen responsabilidad u obligación alguna en nombre del comprador o lector de estos materiales. Cualquier falta de respeto percibida por cualquier individuo u organización no es intencionada.

Índice

INTRODUCCIÓN 1

CAPÍTULO 1: LA POPULARIDAD DE INSTAGRAM 3
- ¿Por qué es Instagram tan popular? 4
- ¿Por qué necesita usar Instagram? 5
- ¿Quién está ya en Instagram? 6

CAPÍTULO 2: CÓMO PUEDE BENEFICIARLE INSTAGRAM 8
- Estadísticas de Instagram 8
- Quién se beneficiará de Instagram 9
- Cómo usa la gente Instagram 10

CAPÍTULO 3: LA EVOLUCIÓN DE INSTAGRAM EN 2019 13
- Tendencias a vigilar en 2019 14

CAPÍTULO 4: CREAR UNA CUENTA PARA SU MARCA 18
- Comenzar en Instagram 19
- Escoger su nombre de usuario 19
- Elaborar la biografía perfecta 21
- Subir la foto de su perfil 23
- Configuraciones importantes de Instagram 24

Cambiar a una cuenta comercial.. 24

Ajustar la configuración de la privacidad... 25

Autenticación en dos pasos 26

CAPÍTULO 5: 5 REGLAS NO ESCRITAS DE INSTAGRAM 27

PUBLICAR EN EL MOMENTO ADECUADO.. 28

CONTROLAR EL USO DE *SELFIES* 29

SER ORIGINAL 30

EVITAR ABUSAR DE LA EDICIÓN 31

FAVORECER LOS COMENTARIOS POR ENCIMA DE LOS ME GUSTA 32

CAPÍTULO 6: ESCOGER SU NICHO.. 34

ENCONTRAR SU NICHO CON UNA EMPRESA ESTABLECIDA............................. 35

¿QUÉ LE GUSTA Y A QUIÉN PUEDE SERVIR?... 36

VALIDAR LA CALIDAD DE SU NICHO 37

ENCONTRAR SU NICHO EN INSTAGRAM... 40

CAPÍTULO 7: POSICIONAR SU MARCA 41

SABER DÓNDE INVERTIR TIEMPO EN INSTAGRAM 42

CREAR UNA PRESENCIA QUE LA GENTE QUIERA SEGUIR 45

POSICIONARSE COMO EL EXPERTO.. 47

CAPÍTULO 8: CREAR PUBLICACIONES... 49

EL INGREDIENTE PRINCIPAL: SUS IMÁGENES 50

MIRANDO A TRAVÉS DE LOS OJOS DE SU PÚBLICO 51

TOMAR, ENCONTRAR Y ELEGIR SUS IMÁGENES.. 52

Tomar sus propias fotografías... 52

Compartir fotos.. 53

Imágenes de archivo 53

Imágenes de citas... 54

TRANSMITIR EL MENSAJE... 54

USAR *HASHTAGS* DE FORMA EFICAZ 56

Investigación dentro de la app.. 57

 Aplicaciones de terceros 58
 Usar hashtags correctamente 58
 CREAR UN HORARIO DE PUBLICACIÓN 59
 REDUCIR LOS TIEMPOS DE PUBLICACIÓN 60

CAPÍTULO 9: EVALUAR SU COMPETENCIA 62
 ENCONTRAR A SU COMPETENCIA EN INSTAGRAM 62
 ESPIAR A SU COMPETENCIA DE FORMA ÉTICA PARA CONSEGUIR INSPIRACIÓN ... 63
 CÓMO UTILIZAR LA INFORMACIÓN QUE ENCUENTRE 64

CAPÍTULO 10: CONSEGUIR MÁS SEGUIDORES 66
 MOTIVAR LA PARTICIPACIÓN EN SU PÁGINA 66
 ACTUALIZAR REGULARMENTE LA LISTA DE CUENTAS SEGUIDAS 68
 DECIR LO CORRECTO EN EL MOMENTO CORRECTO 69
 DIRIGIRSE A SU PÚBLICO CON SUS PALABRAS 70
 SACAR PROVECHO A LAS HISTORIAS DE INSTAGRAM 72
 USAR IGTV PARA CONSEGUIR MÁS SEGUIDORES 74
 SACAR PROVECHO DE *INFLUENCERS* DE LA FORMA CORRECTA 75
 AUMENTAR LA VISIBILIDAD DE SUS PUBLICACIONES 77
 INTERACTUAR CON SUS SEGUIDORES 79
 ANALIZAR SUS RESULTADOS PARA INCREMENTAR SU CRECIMIENTO 80

CAPÍTULO 11: VENDER EN INSTAGRAM 83
 CREAR EMBUDOS DE VENTAS EN INSTAGRAM 84
 ESTRATEGIAS DE *MARKETING* LOCAL 86
 DISEÑAR ANUNCIOS 88

CAPÍTULO 12: CUANDO LOS GURÚS MIENTEN 91
 MITO #1: INSTAGRAM NO IMPORTA 92
 MITO #2: PUEDE SER BLOQUEADO 92
 MITO #3: NO IMPORTA EL CONTENIDO DE VÍDEO 93
 MITO #4: LA INTERACCIÓN SIMPLEMENTE SURGE 94
 MITO #5: LAS ESTADÍSTICAS NO IMPORTAN 94

Mito #6: El éxito está garantizado 95
CONCLUSIÓN **96**

Introducción

Instagram es una de las redes sociales más de moda en el mundo en este momento y por una buena razón. Ofrece muchas oportunidades únicas para que las empresas aumenten su público, se expongan a candidatos y comiencen a vender a través de Internet. Si dirige un negocio, o está pensando en empezar uno, necesita usar Instagram en su propio beneficio si desea conseguir el máximo crecimiento para su empresa en 2019. Quiera o no, Instagram está aquí para quedarse, y a su público, no importa quién, le encanta pasar tiempo ahí.

Mientras Instagram crece, las oportunidades para conectar con su público y proporcionar contenido e información de valor también aumentan. Instagram siempre ha sido una plataforma para contar historias de forma visual, ya que comenzó con hermosas fotografías y gente compartiendo sus historias a través de imágenes. En los dos últimos años, Instagram se ha expandido para incluir historias, vídeos en directo y, ahora, IGTV, y todo ello puede incorporarse a su desarrollo de marca y estrategias de difusión. Como aprenderá en este libro, cuantas más formas de interacción genere con su público en Instagram, más seguidores conseguirá y mayor tracción tendrá en esta plataforma.

Si quiere que su negocio tenga éxito, tiene que aprovecharse de todas las oportunidades posibles y aprender a trabajar con ellas en conjunto para conseguir el éxito de su marca en Instagram. En este libro, *Marketing en Instagram: cómo dominar su nicho en 2019 promocionando su pequeña empresa y marca personal en una red social súper popular y aprovechar a sus influencers,* usted va a descubrir exactamente lo que necesita para conseguir el éxito de su negocio en Instagram en 2019. Tanto si acaba de lanzar su negocio como si está creando uno nuevo, todo lo que necesita saber, incluidas todas las estrategias y consejos que puede poner en práctica ahora mismo, se encuentran en este libro.

Este libro incluye todas las mejores estrategias, de manera que puede suponer un poco abrumador, sobre todo si es la primera vez que usa la plataforma. Por esa razón, puede que quiera tomarse su tiempo, leerlo en orden e ir familiarizándose con el proceso de creación en Instagram para alcanzar a su público objetivo. Cuanto más tiempo se tome y más controle cada paso, más sencillo será para usted generar y mantener su propia estrategia en Instagram para poder conseguir un éxito continuado en la plataforma. Como podrá descubrir en este libro, el éxito no está garantizado en ninguna plataforma, pero puede sacar el mayor provecho de sus oportunidades y conseguir su mayor potencial utilizando las estrategias recogidas en este libro.

Si está listo para comenzar en Instagram o aumentar de forma masiva el número de sus seguidores y beneficiarse de las nuevas tendencias de *marketing* de 2019, ¡es hora de empezar! Recuerde: tómese su tiempo e implemente todo cuidadosamente y haciendo el mejor trabajo posible dentro de sus capacidades. Cuantas más nuevas prácticas implemente, más fácil acabará siendo y, con el tiempo, el número de seguidores crecerá. Como con todo, Instagram tiene una curva de aprendizaje, pero esperamos que este libro le ayude a desplazarse por esta curva lo más rápido posible para que pueda saborear el éxito lo antes posible.

Capítulo 1: La popularidad de Instagram

No es un secreto que Instagram es una de las redes sociales más populares junto con Facebook, YouTube y Twitter. Desde que fue comprada en 2013 por Facebook, Instagram ha evolucionado drásticamente y se ha convertido en una de las mejores plataformas para las pequeñas empresas y marcas personales que están buscando exponerse a su audiencia y tener un mayor impacto. Si todavía no está en Instagram, va a tener que ser una prioridad en 2019, ya que será una de las mejores formas de expandir su negocio al estar expuesto ante una mayor porción de su público. Si ya está montando su marca en Instagram, 2019 será otro gran año para una expansión masiva.

¿Por qué es Instagram tan popular?

Una de las mayores ventajas de Instagram es que combina las características positivas de todas las otras redes sociales de una manera que ninguna de las otras lo hace. Instagram tiene la función de vídeo en directo como Facebook, la función del canal IGTV al estilo de Youtube, compartir fotos, compartir historias como Snapchat, una página para buscar y explorar como Twitter y mensajes privados como la mayoría de las plataformas. Cuando está en Instagram, tiene muchas formas únicas de compartir información con su público para que puedan tener una experiencia completa de relación con la marca, lo que les permite comenzar a crear muchas asociaciones y conexiones con usted y su empresa.

La característica más singular de Instagram es la sección de noticias basada en fotos compartidas, ya que permite a aquellas personas que tienen preferencia por lo visual, *ver* las historias o funciones interesantes que les resultan atrayentes, en vez de tener que leer sobre ellas. Ya que la mayoría de la gente está en redes sociales para desplazarse de arriba abajo y consumir información rápidamente, ser capaz de ver y recopilar información en 10 segundos o menos hace que Instagram sea muy popular. Mientras que ciertas publicaciones captan la atención de un individuo por más tiempo o dirigen su interés al pie de la foto, en muchas ocasiones, es el efecto del conjunto el que atrae a la gente y hace que quieran interactuar con la marca y saber más sobre quién es la empresa.

Aunque Instagram es muy popular, una de sus mejores características es que no tiene tantos usuarios como Facebook. Facebook tiene prácticamente todos los sectores demográficos, mientras que Instagram tiene un rango demográfico más singular, entre 18 y 45 años. Esto significa que, para la mayoría de las marcas cuyo público objetivo son las generaciones jóvenes y de mediana edad, Instagram es un espacio más evidente en el que estar. En la mayoría de los casos, en realidad es más fácil establecerse en Instagram que en Facebook. Sin embargo, aunque su público objetivo esté en ambas y quiera utilizar ambas plataformas en su propio beneficio, el hecho de que Instagram sea de Facebook ofrece muchas funciones exclusivas que comparten las plataformas, como gestionar los anuncios desde una cuenta, pero estando activos en las dos plataformas. Teniendo esto en cuenta, Instagram tiene mucho que ofrecer y otras muchas redes sociales simplemente no.

¿Por qué necesita usar Instagram?

En 2019, la mayoría de las personas que compran a través de nuevas empresas también van a seguirlas online e interactuar con ellas en este espacio. Si su marca opera principalmente online, su mejor oportunidad para crear relaciones más dinámicas con su público es estar conectado a las redes sociales para que puedan conectar con usted a través de su plataforma online. En 2019, si no está en Instagram, lo más probable es que su público directamente no pueda encontrarle online ni pueda comenzar a construir una relación importante con usted, así que lo más probable es que decida seguir a otra marca. En otras palabras, si no se expone de forma activa frente a su público y forja relaciones, otro lo hará, y disfrutará conectando con su público objetivo. Si no toma medidas, pronto se olvidarán de usted.

En el mundo moderno, la gente se basa en la demostración social para determinar si merece la pena comprar algo de una empresa o no, especialmente si esa empresa es principalmente online o si van a interactuar con la empresa online porque no viven cerca de un local. En la actualidad, se crea la demostración social a través de una marca que ya tiene una presencia online establecida, con un amplio público y una fuerte implicación por parte de este público. Cuanto más interactúe con su público y consiga que le lluevan las alabanzas después de comprar sus productos o probar sus servicios, más gente que encuentre su negocio va a confiar en usted y apreciar el valor de su oferta. Por supuesto, este aumento en el interés y que haya sido demostrado que es digno de confianza, incrementará su habilidad para vender a través de su plataforma online o canalizar a más gente a su escaparate para finalizar las ventas ahí.

Finalmente, entrar en Instagram demuestra a su público que es moderno y que está "a la última". En la mayoría de los casos, al público le gusta ver que la gente con la que está relacionándose está al tanto de las últimas plataformas y funciones interactivas, ya que demuestra que siguen siendo relevantes. En este mundo moderno, donde los nombres de las marcas importan y "a quién se conoce" es fundamental, demostrar que es alguien que merece la pena conocer y que la gente pueda estar orgullosa de hacer negocios con usted es importante. Tiene que asegurarse de que su público sabe que merece su tiempo, y después tiene que usar su tiempo sabiamente para que puedan obtener valor de cada cosa que ven a través de usted. Como descubrirá más adelante en este libro, ese valor puede ser cualquier cosa, desde entretenimiento para que puedan forjar una relación hasta nuevos productos relevantes para que usted pueda conseguir ventas.

¿Quién está ya en Instagram?

Básicamente todo aquel que merece la pena conocer en su industria ya está en Instagram, y esa es una de las mayores razones por las que necesita estar también en la red social. Cualquier gran marca que tenga un número elevado de seguidores ya está en Instagram, y cualquiera interesado en seguir a estas marcas también está en la plataforma. El mundo de Instagram habitualmente consiste en tres tipos de personas: aquellas que tienen un negocio y utilizan Instagram para vender; *influencers* que ayudan a esos negocios a promocionar sus productos, y consumidores que prestan atención a las últimas tendencias en sus mercados predilectos. Si quiere comenzar a vender más, necesita hacer uso de las redes sociales, aprovechar al máximo sus beneficios a través de Internet, estar en Instagram e invertir algo de tiempo en entender cómo expandir su cuenta e integrarla en un embudo de ventas. Al integrar Instagram eficazmente dentro de su estrategia general de *marketing*, y tener también una estrategia propia para su público en Instagram, puede asegurarse de que está ampliando su público de forma significativa.

Capítulo 2: Cómo puede beneficiarle Instagram

Instagram tiene muchas cosas que ofrecer, más allá de la amplia variedad de funcionalidades disponibles para que pueda proporcionar la experiencia de marca más interactiva posible. Por supuesto, quiere estar seguro de que va a obtener beneficios de todos los sitios en los que invierte tiempo en su negocio para evitar perder el tiempo en estrategias que no ofrezcan resultados al final. Afortunadamente, Instagram tiene muchas ventajas valiosas que hacen que esta plataforma sea digna de la atención de cualquier negocio, ya que prácticamente todos los modelos de negocio pueden encontrar la forma de integrar Instagram en su estrategia y optimizar su conocimiento de marca y, por tanto, sus ventas.

Estadísticas de Instagram

En Instagram, el 71% de los individuos de entre 18 y 24 años usan la plataforma para conectar con amigos, familiares, *influencers* y marcas a las que les gusta seguir. De este sector, más del 35% de estos individuos entran en la plataforma varias veces al día y otro 22% lo hace al menos una vez al día. Esto significa que, si se posiciona de forma correcta, puede alcanzar hasta al 57% o más de su público objetivo a través de una única publicación creada, posicionada y programada adecuadamente. No solo aquellos entre 18 y 24 años pasan su tiempo en Instagram. En realidad, el 30% de los usuarios tienen entre 25 y 34 años, y otro 17% tiene entre 35 y 44. Hay más de mil millones de usuarios mensuales activos en Instagram, lo que significa que hay una oportunidad enorme de conectar con la gente apropiada y empezar a causar sensación en su negocio.

Más allá de las estadísticas de qué grupos demográficos están más tiempo en Instagram, es importante destacar que todos estos individuos están interesados en un amplio rango de nichos. Esto significa que están dispuestos a seguir a casi cualquier marca que les interese, sin importar el nicho al que pertenezca la marca. Hay incluso dentistas que están creando un impacto enorme en Instagram, lo que es formidable teniendo en cuenta que a mucha gente le da miedo ir al dentista. Al conectar con su público a través de esta plataforma, negocios de todas las formas y tamaños pueden empezar a crear conexiones positivas con su público, lo que significa que pueden aumentar su reconocimiento de marca y sus ingresos simplemente por estar en Instagram.

Quién se beneficiará de Instagram

Las marcas y pequeñas empresas de todas las formas y tamaños pueden beneficiarse de estar en Instagram, aunque aquellas cuyo público objetivo tenga entre 18 y 44 años serán las que tengan la mejor oportunidad de conectar con su público objetivo. La verdad es que, siempre que su público objetivo esté en este rango, necesita estar en Instagram porque su público le buscará, y si no le puede encontrar, buscará a otro que pueda ofrecerle lo mismo. Incluso si está utilizando una estrategia de *marketing* muy suave con un tiempo dedicado en Instagram mínimo, al menos creando una imagen consistente y memorable en su plataforma le ayudará a establecerse y crear esas relaciones que en un futuro podrá comprobar que no tienen precio.

Cómo usa la gente Instagram

Algunos de estos empresarios o marcas puede que estén teniendo problemas visualizando cómo una plataforma para compartir imágenes puede usarse para ayudar a sus marcas. Aunque más adelante vamos a profundizar más en estas explicaciones y estrategias, queremos que consiga algo de inspiración sobre cómo su nicho particular puede ser utilizado en Instagram para empezar a crear una imagen en su mente sobre cómo la red social beneficiará a su negocio. Aquí tiene una lista de diferentes modelos de negocios y de cómo están utilizando la plataforma de Instagram de forma singular para conectar con su público objetivo:

- Maquilladores: usan la plataforma para compartir nuevos estilos de maquillaje, productos y técnicas para que la gente los pruebe.
- Dentistas: utilizan esta red social para crear una imagen visual positiva y amigable de su oficina para que su público empiece a asociar al dentista con un lugar feliz sin estrés.
- Abogados: usan la plataforma para conectar con gente que pueda necesitar su apoyo y desarrollan imágenes visuales de autoridad y preocupación para demostrar su interés.
- Empresas de ropa: utilizan Instagram para resaltar sus nuevos estilos con la ropa que ofrecen, inspirar a la gente a crear sus propios *looks* únicos y exhibir sus nuevos productos.
- Entrenadores ejecutivos y mentores personales: usan esta red social para crear una imagen de lo que el negocio o la vida de una persona podría ser, y después se posicionan como expertos para enseñar a aquellos individuos a crear ese estilo de vida por sí mismos.

- Guarderías: muestran sus actividades, las oportunidades de aprendizaje y su personal, para que las posibles nuevas familias puedan ver lo positiva en interactiva que es la guardería.
- Academias de danza: comparten imágenes y vídeos de sus bailarines, sus competiciones y sus momentos estelares para exhibir sus talentos e inspirar a que se unan nuevos estudiantes a su academia.
- Restaurantes: exponen sus platos más deliciosos, muestran a familias disfrutando de su estancia en el restaurante y a individuos cocinando y sirviendo la comida para crear una imagen acogedora para su público objetivo.
- *Influencers*: usan Instagram para posicionarse como expertos en su nicho para que la gente pueda acudir a ellos para obtener información sobre nuevos productos y servicios que deberían probar. ¡Son como los críticos profesionales de Internet de hoy en día!
- Vendedores online: usan Instagram para mostrar cómo sus productos únicos tienen cabida en el día a día para inspirar a la gente a empezar a usar o comprar sus productos.

Hay muchos otros nichos que utilizan Instagram para generar una imagen para su marca y atraer a la gente dentro de su público para que puedan promocionar su marca a más gente. A través de las imágenes en las noticias y las historias, las marcas pueden crear una imagen muy específica para su público que les permite asociar visualmente las marcas con su estilo y toque ideal. Por ejemplo, si quiere crear imágenes positivas, familiares, saludables y pulcras, puede hacerlo seleccionando unas noticias e historias que reflejen esto en todo lo que comparta. Cuanta más gente llegue a su página o vea sus historias, se verán más expuestas de manera sistemática a estos sentimientos e imágenes y, por tanto, de manera más constante empezarán a asociarlo con esa persona a la que buscan para satisfacer sus necesidades.

Si no vio su nicho en la lista, puede estar seguro de que existe, sin lugar a dudas, una forma particular de componer los vídeos, historias y fotografías para que pueda empezar a interactuar con su público también. A lo largo de este libro aprenderá formas inigualables de crear una imagen para su marca y hacer uso de estas herramientas para servir a su modelo de negocio.

Capítulo 3: La evolución de Instagram en 2019

Instagram ya ha entrado en su noveno año de negocio y ha evolucionado indudablemente a lo largo de los años mientras sacan nuevas funciones continuamente y la gente incorpora estas nuevas herramientas en sus experiencias. En 2019, se espera que esta evolución continúe mientras aprendemos a usar estas herramientas de nuevas formas para ofrecer experiencias de marca únicas para nuestro público. Por supuesto, no quiere empezar 2019 utilizando estrategias pasadas de moda en un intento de alcanzar a su público, así que antes de empezar a estudiar estrategias y enfoques específicos, vamos a profundizar en algunas tendencias y estrategias de *marketing* específicas de 2019 a las que tendrá que estar atento.

Evidentemente, es complicado predecir exactamente qué deparará el nuevo año. No podemos garantizar qué nuevas herramientas podrán estar disponibles ni qué actualizaciones de la aplicación podrán cambiar la forma en la que la usa a la hora de interactuar con su público. Sin embargo, está bastante claro que ciertas tendencias ya están creciendo en popularidad, y no es del todo complicado mantenerse al tanto de las próximas modas siempre que aprenda a mantenerse involucrado.

Tendencias a vigilar en 2019

Instagram, como cualquier otra plataforma, está llena de tendencias que puede identificar fácilmente si presta atención y dedica tiempo a la aplicación regularmente. Si bien puede ser difícil predecir modas, sospechamos que habrá cinco tendencias que surgirán en la plataforma de Instagram en 2019.

La primera tendencia, IGTV, fue lanzada en junio de 2018, pero esperamos que despegue y crezca todavía más en 2019. Esta plataforma está dedicada a aquellos que usan Instagram desde sus dispositivos móviles y les da la oportunidad de seguir canales tipo Youtube a través de la plataforma de Instagram. Sin embargo, a diferencia de otros servicios de vídeo, IGTV está dedicada al formato vertical de vídeo, lo que la hace perfecta para usar en dispositivos móviles, ya que le permite ver la mayor parte del video sobre su pantalla. Aquellos individuos que buscan expandirse a un público móvil y empezar a crear más contenido para que sus seguidores presten más atención, pueden utilizar IGTV en una variedad de formas; desde compartir unos retazos de sabiduría o saber hacer en su nicho a compartir tutoriales y vídeos paso a paso.

Hay muchas formas en las que IGTV puede usarse para generar ventas, pero, en el fondo, la mejor forma es ponerse frente a su público y empezar a hablar sobre su marca y las formas en las que puede animar a su público a través de sus productos o servicios. La clave, sin embargo, es evitar que se note el discurso de ventas. En vez de hablar durante cinco minutos sobre sus servicios, por ejemplo, emplee ese tiempo en promover el conocimiento y ofrecer consejos sobre los problemas y motivos de preocupación que afectan a su público y después proponga sus productos o servicios como solución. De esta forma, su público tiene una razón válida para quedarse y escuchar, en vez de que sientan que simplemente les ha dado un largo discurso publicitario.

La segunda tendencia a surgir en 2019 será el auge de las micro-marcas o pequeñas empresas, que están compartiendo y conectando con sus públicos. Instagram ha continuado evolucionando para mantener el protagonismo en los pequeños empresarios y empresarias; emprendedores y emprendedoras, y marcas locales. Se cree que en 2019 esta tendencia seguirá en alza y hará incluso más fácil a las micro-marcas conectar con su público y crear un flujo de ingresos extra a través del *marketing* en Instagram. La mayor razón por la que es una tendencia en ascenso es porque Instagram ofrece muchas formas diferentes de compartir su marca con su público personalmente, y a la gente le gusta compartir esa conexión personal con las marcas que apoya. La mayoría de las grandes marcas simplemente no tienen el tiempo o los medios para ofrecer esa relación íntima con su público, motivo por el cual cada vez más personas se decantan por seguir a micro-marcas. Como dueño o dueña de una pequeña empresa o marca personal, el tener el foco de atención principalmente en marcas como la suya significa que, ¡ahora es el momento perfecto para estar en Instagram y empezar a forjar relaciones con los clientes que buscan exactamente lo que usted ofrece!

La tercera tendencia a surgir en Instagram en 2019 será usar publicidad en las historias. Si ya está en Instagram, puede haber visto anuncios patrocinados entre las historias que estaba viendo. Estos anuncios de pago son una oportunidad para compartir tiempo de pantalla con su público para que puedan encontrar su marca y puedan empezar a seguirle en el espacio online. Sin embargo, ¡no tiene que usar anuncios de pago para meter sus anuncios en la funcionalidad de historias! El número de plantillas para diseños de historias está aumentando, lo que significa que puede usar la función de historias para generar un anuncio y simplemente compartirlo como una historia normal. Aunque esto no llegará tan lejos y solo podrá ser visto por su público existente o por aquellos que le encuentren y decidan ver sus historias, puede ser una gran oportunidad para usar sus historias con propósitos publicitarios.

La cuarta tendencia son las tiendas de comercio electrónico, o la oportunidad de empezar a integrar en su página funciones relacionadas con el comercio electrónico, que hace más sencillo que sus clientes le ubiquen y compren a través de usted. La función más digna de mención que ofrece esto ahora mismo serían las publicaciones para compras, que le permiten publicar imágenes estáticas con productos y etiquetarlos para que los clientes sean dirigidos directamente a un enlace para finalizar su compra. De esa forma, puede publicar algo y animar a la gente a comprar con usted a través de sus etiquetas de productos en sus publicaciones. Un gran ejemplo de gente que está haciendo esto son aquellos que venden ropa y accesorios compartiendo imágenes con sus productos y diciendo "¡Compra este estilo!" para que la gente se pare y mire la imagen. Si les gusta, pueden fácilmente pulsar las etiquetas en la publicación y empezar a comprar los productos que desean. Para que estas funcionen, estas publicaciones requieren una función integrada con la página de Facebook, pero una vez configurada, esta función es increíble y se espera que evolucione de forma todavía más interactiva en los siguientes meses.

La quinta tendencia ocurre todos los años en las redes sociales y se espera que continúe este año. Esta es: Instagram buscará formas de aumentar la participación de su audiencia para que pase más tiempo en Instagram. Para esta red social, cuanto más popular sea su plataforma, más gente acabará usándola para desarrollar sus marcas y vender sus productos, lo que significa que Instagram tendrá posibilidades de tener más publicidad de pago a través de su plataforma. Por consiguiente, quieren dirigir el máximo de tráfico posible a la red social, hacerla incluso más divertida para todos y mantener a las marcas y los clientes conectados en la plataforma para que puedan continuar ganando dinero. En otras palabras, Instagram gana cuando ayuda a las pequeñas empresas a ganar también, lo que significa que Instagram continuará creando funciones para ayudar a las marcas como la suya para que puedan continuar creciendo también.

Capítulo 4: Crear una cuenta para su marca

Recorrer la plataforma de Instagram requiere que configure su cuenta y comience a desarrollar su cuenta primero. En este capítulo vamos a explorar cómo puede crear una cuenta en Instagram y navegar en la plataforma como una marca para que pueda empezar a cosechar los beneficios de Instagram en 2019. Si ya tiene una cuenta, igualmente debería prestar atención a este capítulo, ya que obtendrá mucha información importante sobre cómo navegar su cuenta comercial y configurarla para que pueda dirigir una marca poderosa y memorable.

Comenzar en Instagram

Es mejor crear su cuenta de Instagram en un dispositivo móvil, ya que Instagram está optimizado para este uso. Aunque puede crear su cuenta desde la versión para ordenador de la plataforma, puede que no sea tan fácil como desde la app y además hay menos funciones disponibles en esta versión para ordenador de Instagram. Así que, para empezar, tendrá que descargarse la aplicación de Instagram en su teléfono. Una vez se la haya descargado, puede abrirla y seguir el proceso que se le describe en pantalla para crear su cuenta, que incluirá introducir su correo electrónico o número de teléfono y escoger una contraseña. Una vez haya hecho esto, la siguiente página requerirá que escoja un nombre de usuario para su cuenta.

Escoger su nombre de usuario

El nombre de usuario de Instagram que escoja tiene que ser claro y fácil de recordar, de lo contrario, puede que su público no pueda volver a encontrarle una vez abandone su cuenta. Igualmente, tiene que asegurarse de que en el momento en el que la gente ve su nombre de usuario pueda hacer una clara conexión entre quién es usted y qué es lo que hace su empresa; si no, puede que no se sientan tentados a volver a su perfil.

En general, la mayoría de las marcas simplemente usarán el nombre de sus empresas como sus nombres de usuarios, ya que así es más sencillo que le encuentren en Instagram. Por ejemplo, Nike, Adidas, Walmart y Nordstrom usan los nombres de sus marcas como sus nombres de usuarios en sus redes sociales haciendo más sencillo que las ubiquen. Si es una marca personal, puede que tenga que cambiar la forma en la que se plantea sus redes sociales para asegurarse de que puede ser localizada y reconocida por aquellos en Internet. En general, las marcas personales siguen las mismas reglas que otras marcas usando su nombre como el nombre de usuario. Por ejemplo, el nombre de usuario de Kendall Jenner es simplemente @kendalljenner, facilitando mucho el que la descubran online. Existen, sin embargo, excepciones a esta regla cuando está creando una marca personal online. Por ejemplo, si es alguien que tiene un nombre largo, difícil o complicado de escribir, puede que si lo usa como nombre de usuario no consigan encontrarle online. En este caso, puede usar un alias o apodo como su nombre de usuario y después usar este mismo alias online consistentemente, o puede usar una versión ortográfica más sencilla de su nombre. Por ejemplo, el nombre real de Nicki Minaj es Onika Tanya Maraj, pero este nombre sería difícil de recordar y escribir; por tanto, decidió bautizarse como Nicki Minaj. Así es mucho más sencillo para sus fans encontrarla online o en cualquier otro sitio donde quieran buscarla, lo que hace que su marca personal sea tanto memorable como fácil de localizar.

Cuando cree su nombre de usuario, evite usar ortografía complicada; nombres de usuarios similares a algunos ya existentes online o caracteres o números diferentes en su nombre de usuario. A no ser que su carácter o número sea parte del nombre de su marca, no intente añadir estos caracteres a su nombre de usuario para hacerlo más especial o llamativo, ya que sólo conseguirá que sea más difícil que le localicen. Recuerde, es de esta forma como la gente le va a buscar, y este es el nombre por el que la gente le va a recordar. Si quiere que la gente le recuerde y localice fácilmente, entonces necesita crear tanto un nombre de usuario como una marca que la gente recuerde.

Cuando haya creado su nombre de usuario, llegará a la pantalla principal donde puede empezar a navegar la aplicación. Aquí puede continuar rellenando más partes de su perfil antes de empezar a interactuar con alguien en la plataforma. No querrá invertir esfuerzo en conectar con su público objetivo si su perfil todavía no está lo suficientemente desarrollado como para que la gente no le identifique, asegurándose de que ninguna conexión es una conexión perdida.

Elaborar la biografía perfecta

Una vez haya creado su nombre de usuario, el siguiente texto que va a tener que escribir es su biografía. En Instagram, su biografía puede ser de hasta 150 caracteres de longitud y puede incluir enlaces a otros perfiles y *hashtags* que puedan ser relevantes para su marca. Su biografía le brinda la oportunidad de contar a la gente quién es usted y qué le identifica, aunque también puede usarlo para vender y promocionar su negocio a través de su perfil. Usar su biografía sabiamente es la mejor forma de asegurarse de que podrá usarla para aumentar las posibilidades de que le recuerden, así como la cantidad de interacción que la gente tendrá cuando le siga y apoye su marca.

A la hora de escribir una biografía que le ayudará a vender, hay tres cosas en las que se tiene que enfocar: con gancho, informativa y promocional. Su biografía tiene que tener el suficiente gancho para que la gente esté realmente interesada en leerla; informativa, para que la gente pueda familiarizarse con quién es usted y de qué va su empresa, y promocional, para que haya más probabilidades de que la gente pulse en el enlace que les puede proporcionar.

Normalmente no están bien vistas las oraciones completas, a no ser que utilice una única oración corta, de manera que evite algo demasiado excesivo o elaborado. En la mayoría de las biografías, en vez de usar oraciones, la gente comparte listas de sus intereses o de qué va la marca. Escribir su biografía de forma adecuada es esencial, así que asegúrese de tomarse su tiempo para identificar lo que realmente va a funcionar para usted y para su marca. La mejor forma de saber lo que mejor va a funcionar para su marca inigualable es ir a las páginas de otras marcas en su nicho y leer sus biografías y ver lo que funciona y lo que no. Revise las biografías de las que tienen éxito y compárelas con las que no han acumulado todavía un abultado número de seguidores e intente observar alguna tendencia o diferencia que parezca distinguirlas. Usted quiere emular a las marcas triunfadoras, por supuesto, así que intente recrear las pautas que están usando en sus biografías a través de la suya propia, pero de forma más auténtica para que resuene con su marca y su público objetivo particular.

Además de escribir su biografía, usted también va a querer compartir el enlace a su página web para que la gente pueda ver más sobre quién es y tener la oportunidad de comprar online si tiene una tienda online. Si tiene muchos enlaces que le gustaría compartir con la gente, considere usar un servicio como Link Tree, que le permite crear una página de inicio personal y profesional que tiene botones a las páginas a las que quiere dirigir a su público. Si está promocionando varias cosas en su cuenta, como por ejemplo una oferta gratuita, su oferta estrella y la oportunidad de seguirle online en otro sitio, estos diferentes enlaces pueden hacerle más sencillo el dirigir a su público a través de sus servicios u otras cuentas. Independientemente de cómo escoja estructurar sus enlaces, asegúrese de proporcionar uno para que la gente pueda hacer clic en él y pueda conocer más a fondo quién es usted y qué tiene que ofrecer.

Las siguientes biografías son fantásticas y pueden utilizarse para su marca. Por supuesto, necesitará adaptar su biografía para ajustarse a su marca o nicho particular, pero estas serán un excelente punto de partida para descubrir lo que funciona y lo que vende en cuanto a biografías:

- Una empresa de queso gourmet: "Queso Gourmet. El vino perfecto. Una gran fiesta. Sobran las palabras #Enlaceenlabio"
- Un bloguero o bloguera de moda: "23 // Moda // NYC // Lattes y pintalabios. ¡Compra mis *outfits* en el enlace abajo!"
- Un entrenador o entrenadora personal: "Perseguir metas, vivir a lo grande, disfrutar la vida. Vive tu mejor vida. ¡Mira el enlace abajo!"
- Una joyería: "Diamantes para cada ocasión. #Enlaceenlabio"

- Una compañía local de limusinas: "Viaje con estilo por menos – Vancouver/Calgary/Toronto. Reserve en el enlace abajo".

Subir la foto de su perfil

Su perfil también va a requerir una imagen, lo que le proporcionará a su público la oportunidad de ver quién es y empezar a asociar su nombre con su imagen. A la hora de hacer cuentas para marcas, tiene dos opciones con su imagen de perfil: subir una imagen de su logo o subir una imagen suya. Cuál elegir depende del tipo de empresa que dirige y la imagen que quiere que la gente recuerde.

Para la mayoría de las empresas, el logo es suficiente, ya que es la forma más fácil de empezar a crear reconocimiento de marca a través de su negocio. Según la gente vaya asociando su logo con su nombre de usuario, también reconocerán su logo y lo identificarán en cualquier lugar donde lo puedan ver. Esto puede ser muy importante para el reconocimiento de marca, por esta razón, si está dirigiendo una empresa, su foto de perfil solo debería ser su logo. Asegúrese de subir una imagen en alta resolución y que encaje perfectamente dentro del círculo de la imagen de perfil para que se pueda ver bien el logotipo. Si está borroso o es difícil de entender, puede que la gente directamente se lo salte porque no saben identificar lo que están viendo.

Si es el caso de una marca personal, puede que prefiera usar una imagen de su cara en vez de una imagen de su logo, ya que las marcas personales normalmente buscan inspirar reconocimiento de marca a través del reconocimiento facial. Asegúrese de usar una foto clara que refleje su marca de forma precisa para que guarde sentido con la imagen general que está intentando crear. Por ejemplo, si es un bloguero o bloguera de viajes, use una imagen suya con un paisaje de fondo para que la gente pueda atar cabos. Si es agente inmobiliario, ponga una foto suya sonriendo delante de una casa o un fondo blanco para poner el énfasis en usted y su influencia como vendedor o vendedora. No use *selfies*, imágenes de baja calidad o imágenes que parezcan estar fuera de lugar, ya que puede que confundan a la gente si las ven relacionadas con su marca, lo que puede llevar a menos seguidores y, por lo tanto, menos ventas. Debería estar usando cada aspecto de su página para crear una imagen uniforme que refleje fielmente la imagen de su marca.

Asegúrese de que nunca deja su imagen de perfil vacía, puesto que las personas no confían ni interactúan con empresas que no han subido una foto de perfil. Absténgase de interactuar con nadie hasta que la haya subido, ya que la mayoría de la gente que ve perfiles sin imágenes asumen que o son timadores o no son todavía lo suficientemente interesantes como para prestarles atención. Los perfiles con imágenes de perfil atrayentes, claras y de alta calidad son los que acaban consiguiendo seguidores, así que espere a completar este paso antes de participar en el contenido o seguir a alguien.

Configuraciones importantes de Instagram

Instagram es óptimo para negocios, razón por la que tantas micromarcas están usándola para conectar con su público. En Instagram, hay una variedad de configuraciones importantes que usted debería ajustar para asegurarse de que su perfil está listo para sustentar una marca en crecimiento, porque, de esta manera, puede sacar el máximo partido a la plataforma. Debe hacer tres cosas inmediatamente cuando lance su cuenta para su marca: cambiar a una cuenta comercial (para que pueda utilizar publicidad de pago), ajustar la configuración de su privacidad y habilitar la autenticación en dos pasos.

Cambiar a una cuenta comercial

Cambiar su cuenta a una cuenta comercial es simple. Para hacerlo, entre en la configuración de su cuenta a través de las tres líneas situadas en la esquina derecha de la página de su perfil. Una vez ahí, seleccione "Cuenta" y pulse la opción "Cambio a cuenta comercial".

Si todavía no tiene una, Instagram le ayudará a configurar rápidamente una página de Facebook a la que vincular su cuenta comercial de Instagram. Este paso es necesario, aunque no piense usar la página de Facebook, ya que le permite participar en ciertas actividades exclusivas para empresas en Instagram, como etiquetar productos en sus fotografías, operar promociones de pago y establecer una dirección o ubicación para su negocio en Instagram si lo tiene.

Una vez haya cambiado a una cuenta comercial, Instagram le dará acceso a información importante que analizar. Esta información le garantizará que podrá hacer un seguimiento de sus logros monitoreando el éxito de sus publicaciones, el crecimiento del número de seguidores e, incluso, obtener un claro esquema de cuál es su sector demográfico y si está conectando con el público correcto a través de la plataforma. Esto hace las funciones para empresas en Instagram aún más valiosas. Si bien es cierto que no es necesario tener una cuenta comercial para llevar una empresa en Instagram, sí que querrá tener acceso a todas las funciones exclusivas para empresas que ofrece.

Ajustar la configuración de la privacidad

En Instagram, ciertos ajustes de privacidad pueden usarse para limitar quién puede ver su cuenta y qué se puede ver o qué se puede hacer en su cuenta. Deberá entrar y asegurarse de que todos los apartados de privacidad que puedan estar activados estén desactivados para garantizar que la configuración de su privacidad no esté ocultando parte alguna de su cuenta. Asegúrese de que la gente puede comentar y compartir sus publicaciones, seguirle y mandarle mensajes a través de sus historias para que la gente pueda interactuar con su perfil de todas las diferentes formas posibles. Mantener su cuenta privada de algún modo puede llevar a que la gente no pueda interactuar con usted, lo que puede reducir su deseo de seguirle, puesto que una de las razones principales por las que la gente está en las redes sociales es para forjar relaciones con otros. ¡Necesita estar disponible para el proceso de creación de relaciones!

Autenticación en dos pasos

La autenticación en dos pasos es necesaria para todo aquel que quiera dirigir un negocio online, ya que asegura que no puedan *hackear* su cuenta ni bloquearle fuera de ella. La autenticación en dos pasos requerirá que apruebe todos los inicios de sesión a través de su número de teléfono o dirección de correo electrónico, lo que significa que, si alguien intenta iniciar sesión en su cuenta en remoto para *hackearle*, no podrán hacerlo sin el código enviado a su correo electrónico o número de teléfono. Puede habilitar la autenticación en dos pasos yendo a su menú de configuración, pulsando en "Privacidad y seguridad" y después en "Autenticación en dos pasos". Una vez ahí, le explicarán el proceso para verificar su número de teléfono o su dirección de correo electrónico para que pueda usarlos para hacer que su cuenta sea más segura.

Si alguna vez recibe una petición de inicio de sesión y usted no ha sido la persona que ha intentado acceder a su cuenta desde un navegador, es importante que inmediatamente cambie su contraseña de Instagram. Si ha recibido el código, eso significa que alguien ha identificado su contraseña y ha iniciado sesión en su cuenta satisfactoriamente. Por supuesto, se quedarán bloqueados en el proceso de inicio de sesión, ya que no tienen su código de verificación para completar la autenticación en dos pasos. Igualmente, esto significa que su cuenta no es segura. Al cambiar su contraseña puede asegurarse de que nadie entre en su cuenta de ninguna forma y empiece a poner en riesgo su negocio a través de Instagram.

Capítulo 5: 5 reglas no escritas de Instagram

Entrar en Instagram y empezar a lo grande de inmediato significa que tiene que dominar Instagram, como un profesional, incluso si no tiene la experiencia de alguien que ha estado en la plataforma durante mucho tiempo. Según pase el tiempo, descubrirá trucos y técnicas propias, pero para ayudarle a empezar, aquí tiene una lista de las cinco reglas no escritas de Instagram para que empiece con impulso. Si empieza utilizando estas estrategias desde el primer día, puede estar tranquilo sabiendo que su Instagram crecerá rápida y eficazmente.

Publicar en el momento adecuado

En Instagram, su público tenderá a pasar tiempo en la plataforma a diferentes horas a lo largo del día y de la semana. Averiguar cuáles son sus mejores momentos para publicar y publicar en estas horas pico le asegurará que sus fotografías consigan la máxima participación para que pueda empezar a crecer su cuenta rápidamente. Con Instagram, el algoritmo favorece las publicaciones con las que se interactúa de forma rápida y genuina, así que, cuantos más me gusta y comentarios acumule al principio, mejor.

Puede investigar los mejores momentos para publicar, tanto para usted como para su público, a través de las estadísticas para empresas de Instagram o a través de aplicaciones de terceros como PLANN o Iconosquare, que en ambos casos cuentan con horarios inteligentes y muy precisos para planificar sus publicaciones. Estas plataformas monitorizan su participación y le comunican cuándo su perfil tiende a recibir más visitas, me gusta y comentarios en sus nuevas publicaciones. Aunque obtener esta información a través de las aplicaciones de terceros cuesta dinero, tener acceso a la información necesaria puede ayudarle a expandir su plataforma más rápido.

Además de publicar en el momento ideal, asegúrese de utilizar las secuencias de *hashtag* correctas que le garantizarán tener la oportunidad de que le vean. Aunque ya aprenderá sobre *hashtags* más adelante, es importante que entienda lo antes posible que sus *hashtags* son su oportunidad clave de ser visto en Instagram. En pocas palabras, las imágenes sin *hashtags* no tendrán acceso a miembros de su público nuevos, sin explotar, lo que significa que cada vez que publique sin usar *hashtags* estará tirando dinero a la basura con su cuenta de Instagram.

Controlar el uso de *selfies*

La tendencia en Instagram solía ser llenar su página con *selfies* y que a la gente le gustase y, mientras que este comportamiento sigue estando perfectamente bien para las simples cuentas de individuos, no es lo ideal para marcas o negocios que están buscando expandir su plataforma en 2019. Mientras que los *selfies* pueden (y deben) usarse para expandir su página, debería abstenerse de utilizar un *selfie* suyo en cada publicación ni alternando uno sí y otro no. En su lugar, use *selfies* esporádicamente y enfatice otras fotos de interés para ayudar a incrementar su alcance en 2019.

Si le encanta compartir *selfies* y de alguna forma guardan relación con su marca, considere usar sus *selfies* de forma más consistente en sus historias y con menos frecuencia en sus noticias. De esta forma puede seguir compartiendo imágenes *selfie* relacionadas con la marca que pueden ayudarle a aumentar su tracción, pero no dominan sus noticias ni le hacen parecer poco profesional o juvenil en la plataforma. Hoy en día, la gente prefiere ver imágenes más meditadas que parecen similares a las tomadas por fotógrafos profesionales. Aunque no tenga un fotógrafo profesional listo para fotografiarle, considere tener a alguien para tomarle las fotos o usar un trípode o un temporizador para conseguir imágenes de mejor calidad que no incluyan su bíceps derecho alargado por la distorsión de la cámara.

A pesar de que los *selfies* no son la opción ideal, a la gente le sigue gustando ver a otros humanos en las imágenes que están mirando, ya que crea un toque más personal a sus fotografías. De manera que, aunque debe evitar abusar de los *selfies*, debe asegurarse de que sigue habiendo humanos en sus fotografías para que su perfil pueda atraer más atención de su público objetivo.

Ser original

Cuanto más tiempo dominan las redes sociales el espacio online, más gente busca conexiones auténticas con marcas y empresas originales. En pocas palabras: la gente no quiere pensar que están siguiendo una cuenta que es puramente estrategia publicitaria sin personalidad ni originalidad. Su público objetivo le sigue en Instagram porque quiere sentir una conexión con usted, no porque quiere ver anuncios las 24 horas del día. Si va a crear una conexión fuerte con su público necesita una forma de ser original, crear una imagen única para su empresa, y destacar sobre el resto de la gente que se está dirigiendo a su público.

Si usted dirige una empresa profesional, como un bufete de abogados o una consulta de dentista, encontrar una forma de ser original puede ser complicado, ya que por un lado tiene que interactuar de forma auténtica con su público, pero por otro no puede perder su reclamo de experto profesional. Aun así, hay formas en las que puede generar una imagen auténtica sin empañar su profesionalidad ni asustar a su público por miedo de solo recibir publicidad si le siguen. Una opción fantástica de averiguar formas únicas de compartir su originalidad en su industria nicho es buscar a sus competidores online y ver lo que están haciendo. Normalmente, los que dominan el espacio tienen un planteamiento muy original y único y puede aprender un par de cosas de estos individuos.

Evidentemente, una vez haya finalizado con su búsqueda, necesita encontrar formas de incorporar estos consejos, ideas e inspiración que ha acumulado a través de su búsqueda en su propia imagen original. Al fin y al cabo, copiar directamente a otros es una clara falta de originalidad y no un signo de mucha creatividad. Sus seguidores lo reconocerán y no interactuarán con su marca si no encuentra una forma de impulsar la originalidad y mantenerse auténtico en la plataforma.

Evitar abusar de la edición

Los usuarios de Instagram se esfuerzan en parecer refinados profesionales y de buen ver, y por una buena razón, ¡todos los demás están estupendos en la plataforma! Cuando edita sus fotografías debidamente, usted puede destacarse del resto de las fotografías que se comparten, lo que significa que incluso puede ser visto por más gente. Mientras su público objetivo criba sus *hashtags* favoritos y sus páginas para buscar y descubrir, probablemente pulsen en una fotografía más atractiva antes que en una que parece fuera de lugar o chapucera.

Dicho esto, tiene que tener cuidado sobre cuánto retoca sus fotografías y su resultado final. Si edita su fotografía demasiado, empezará a parecer artificial e incluso extraña, lo que resultará en menos gente prestando atención a su página o tomándole en serio. Si quiere que le tomen en serio y aumentar la interacción en su página, necesita retocar sus fotos con gusto y de forma que les ayude a destacar por su buena estética, no porque parezcan raras por exceso.

Una excelente forma de retocar sus fotos y crear un atractivo natural manteniendo ese estilo pulido profesional es usar estas dos aplicaciones en su teléfono: Lightroom CC y FaceTune Lite. Ambas aplicaciones son gratuitas y le permiten crear fotos para Instagram profesionales y de alta calidad en menos de 2 minutos. Empiece subiendo su imagen seleccionada a Lightroom CC, seleccione "luz" en la configuración y pulse "AUTO". La aplicación ajustará de forma automática los ajustes como color, saturación, balance de blancos, balance de negros y otros ajustes para garantizar que la fotografía parece editada por un profesional. Después, si quiere, puede subir la imagen a Face Tune y suavizar la apariencia de la piel de cualquiera en la imagen, así como disimular rojeces o realizar cualquier otro retoque menor para conseguir un atractivo de alta calidad. Una vez más, es aquí donde tiene que interiorizar que menos es más. Si está blanqueando los dientes a alguien, por ejemplo, no se pase. Nadie tiene los dientes completamente blancos, así que editar los dientes para que parezcan excesivamente blancos hará que la foto parezca artificial e incómoda. Procure que cada retoque que realice parezca natural, ¡incluso si intenta hacer que el individuo parezca un modelo fotografiado por un profesional!

Favorecer los comentarios por encima de los me gusta

La última versión del algoritmo de Instagram prefiere la interacción genuina a la interacción pasiva. La interacción pasiva, como los me gusta, es valiosa, pero no destaca en el algoritmo hasta el punto en el que Instagram cree que realmente quiere continuar interactuando con dicha persona. Por tanto, si le gusta la foto de alguien, puede que no vea mucho de su contenido dentro de sus noticias nativas a no ser que le gusten muchas de sus fotos o comente en ellas. La clave aquí es que, si está viendo más gente en sus noticias, lo más probable es que le estén viendo también más a usted en sus noticias, lo que significa que es más probable que su público también le vea e interactúe con usted.

Cuando está desplazándose por *hashtags* para localizar nuevos seguidores o realizar estudios de mercado o simplemente interactuar con su público objetivo, haga lo posible por dejar comentarios en todo lo que se cruce en su camino. Dicho esto, no deje comentarios artificiales que sean genéricos, y no diga lo mismo en varias publicaciones. Hoy en día hay programas llamados *bots* y la mayoría de la gente se negará a interactuar con cualquiera que sospechen pueda ser un *bot* por miedo a ser estafados o recibir correos basura.

Más aún, los comentarios genuinos destacan y, a menudo, son recompensados con más interacción, lo que aumenta todavía más su habilidad de ser visto por ese individuo. Si esa persona le ve alguien auténtico, es más probable que le eche un vistazo y le siga en su plataforma. Para el algoritmo de Instagram, los comentarios de uno y otro lado sugieren que están compartiendo una interacción real y anima al algoritmo a mostrarles más alto en las noticias de cada uno para que puedan ver más del contenido del otro. Como una marca o pequeño negocio, esto es exactamente lo que quiere que pase para que pueda mantenerse relevante con sus seguidores y aumentar sus posibilidades de que le localicen y recuerden.

Capítulo 6: Escoger su nicho

Tener un nicho en redes sociales es extremadamente importante, especialmente si desea conseguir una conexión fuerte con sus seguidores y atraer a una red de posibles clientes. Como con cualquier otro tipo de negocio, un nicho es bueno para una cosa muy específica: ayudarle a saber exactamente con quién está hablando para que su audiencia sepa cuándo le están hablando. En el mundo del *marketing* hay un dicho: "Si les habla a todos, no le hablará a nadie". En otras palabras, no hay una forma de atraer a todas y cada una de las personas en su estrategia de *marketing* y como probablemente no tenga el equipo, tiempo, recursos o reputación para crear varias diferentes estrategias de *marketing* para dirigirse a cada uno, necesita reducirlo.

Si ya dirige un negocio, puede que ya tenga un nicho definido. Puede que, aunque ya tenga un negocio, nunca haya tenido la necesidad de buscar un nicho porque su negocio es, por ejemplo, un concesionario, que tiende a tener un amplio espectro de personas interesadas en lo que vende. En este caso, va a tener que escoger un ángulo, lo que aún requiere que tenga un nicho o público objetivo al que vender. En este capítulo va a aprender a identificar un nicho, ya sea si tiene un negocio, pero no ha encontrado su nicho, o si acaba de crear su marca o empresa y necesita identificar su nicho.

Encontrar su nicho con una empresa establecida

Si usted ya tiene una empresa, crear su nicho es simple: tendrá que revisar sus informes de ventas recientes para hacerse una idea de quién compra normalmente sus productos y servicios. Como usted ya tiene un negocio establecido, tiene la oportunidad única de mirar las estadísticas de sus actuales clientes rentables, lo que hace más sencillo decidir exactamente a quién debería dirigirse online. Por este motivo, este proceso debería ser sencillo para usted.

Si encuentra que tiene principalmente dos o tres grupos que le compran, va a tener que identificar qué grupo es más probable que esté en Instagram para que pueda dirigirse a ellos en primer lugar. Después, puede incorporar los otros dos nichos con esfuerzos menores dentro de sus estrategias de *marketing*. A esto se le llama la regla del 80/20 o 60/20/20, lo que básicamente significa que usted destina la mayor porción de sus esfuerzos de *marketing* a su audiencia principal y una o dos porciones más pequeñas a sus sub-nichos. De manera que, si es un concesionario de coches con una audiencia principal de familias y tiene un público secundario de parejas jóvenes, el 80% de sus esfuerzos de *marketing* se dirigirían hacia las familias y el 20% de sus esfuerzos a las parejas jóvenes. Si tiene un tercer sub-nicho principal conformado por empresarios y empresarias, entonces tendría que dividirlo asignando el 60% de sus esfuerzos de *marketing* a las familias, el 20% a las parejas jóvenes y el 20% restante de sus esfuerzos a los empresarios y empresarias.

Nunca debería dividir sus esfuerzos en más de tres nichos, ya que podría resultar confuso y difícil de seguir al tener demasiados mensajes diferentes publicados por la plataforma. Si tiene más de tres públicos a los que se quiere dirigir, tiene que decidir cuáles van a ser rentables y cuáles van a funcionar mejor juntos a la hora de crear una imagen general que tenga sentido. Evite mezclar públicos que no peguen los unos con los otros, como hombres jóvenes en busca de coches deportivos y familias mayores que buscan una berlina segura. Este tipo de emparejamientos no tiene sentido y, por tanto, le resulta complicado saber a su público si quieren seguirle o no. En este supuesto exacto, descartaría a los individuos mayores que están buscando berlinas porque no es fácil encontrarlos en Instagram. En cambio, dirigiría todos sus esfuerzos de Instagram hacia los hombres jóvenes en busca de coches deportivos y buscaría otra forma diferente de conectar con los individuos mayores que buscan berlinas seguras.

¿Qué le gusta y a quién puede servir?

Si todavía no tiene un nicho definido porque acaba de lanzar su empresa, necesita decidir ahora a quién va a querer dirigirse. Si está creando un modelo de negocio propiamente, va a querer incorporar esta información en su plan de negocio para poder tener una estrategia general sobre cómo va a afrontar su negocio y generar éxito. Si usted está creando una marca personal online con la intención de forjar unos seguidores leales para que en el futuro pueda convertirse en un vendedor afiliado, puede que no necesite un plan de negocio enorme, pero igualmente debería tener una idea general de la dirección a la que se dirige con su negocio.

El primer paso para identificar su nicho es compartir ideas sobre a quién puede servir o con quién le gustaría conectar a través de su negocio o marca. Piense sobre cosas que realmente disfruta y le interesan, ya que no quiere comprometerse con nada que no le proporcione alegría durante un periodo de tiempo prolongado. Intentar aparecer en un nicho que no le interese, no solo le aburrirá y perderá interés en su marca según pase el tiempo, sino que además llevará a que su público sienta que le falta pasión e interés en su nicho. Cuando su público identifica que no está interesado en lo que a ellos les importa, tampoco estarán interesados en seguirle a usted porque será descaradamente obvio que toda su página está creada exclusivamente para obtener beneficios y que a usted no le importa realmente. Aunque solo esté en esto por los beneficios, la gente quiere ver que las caras que dirigen las empresas son apasionadas, interesantes, fascinantes y agradables de mirar y prestar atención. De lo contrario, van a buscar esto en otro lugar y en otra persona y, probablemente, creerán que no es capaz de darles nada de lo que están interesados en recibir.

Después de haber aportado ideas sobre varias industrias en las que estaría interesado en servir, reduzca esa lista a una o dos en las que estaría más interesado en formar parte. Considere aquellas en las que ha estado interesado durante bastante tiempo y que continuará estando interesado para evitar escoger algo en lo que está muy entusiasmado ahora mismo pero que pueda perder el interés según pase el tiempo.

Validar la calidad de su nicho

Una vez haya acotado los temas de sus nichos potenciales a unos pocos temas de interés, puede empezar a validar qué temática de nicho va a ser más probable que le sirva para alcanzar sus metas a través de su negocio en Instagram. Hay algunos criterios que va a tener que seguir para determinar si su nicho deseado es sostenible y digno de su atención. Estos criterios incluyen longevidad, popularidad y rentabilidad.

La razón por la que se estudia la longevidad de un nicho es para determinar si es probable que vaya a continuar creciendo en ese nicho durante un largo periodo de tiempo o no. No debe escoger un nicho que ya ha alcanzado su cúspide, o uno que está atado a una moda que va a desaparecer pasado un tiempo, ya que no conseguirá crear un crecimiento consistente a lo largo del tiempo. Puede validar la longevidad de un nicho con una simple búsqueda en Google. Preste atención a información como: el valor de la industria; el número de personas en la industria y la proyección de rendimiento en los años por venir. Después, fíjese en cómo su nicho específico encaja en esa industria, lo bien que está progresando y la cantidad de dinero que se está gastando en su singular nicho. Por ejemplo, la industria de la belleza tenía un valor de 445 mil millones de dólares en 2018, lo que supone un crecimiento de 180 mil millones de dólares en un año y miles de millones de personas involucradas. Para ser más específicos, la industria del perfume, que es un sub-nicho de la industria de la belleza, tenía un valor de 72 mil millones de dólares en 2018 con un crecimiento de 3 mil millones de dólares en 2018 y cuenta con millones de individuos interesados en comprar perfumes. La tasa de crecimiento prevista para la industria del perfume es de 3 mil millones de dólares al año durante, por lo menos, los siguientes 5 años, lo que demuestra que la industria del perfume sería una industria positiva con excelente longevidad para los próximos años.

La siguiente cuestión a considerar sobre su nicho es su popularidad. Si ha realizado la debida investigación, debería saber si su nicho deseado es popular o no. Lo ideal sería que su nicho tuviera más de un millón de individuos interesados para que sea lo suficientemente popular como para permitirle crecer en él. Si no, puede que sea demasiado pequeño como para que usted pueda crecer lo suficiente y obtener beneficios. Algunos nichos iniciales o industrias completamente nuevas que están surgiendo, pueden merecer la pena si tiene formación en expandir nuevos negocios y si está listo para esperar a que el nicho crezca a lo largo del tiempo. Sin embargo, si no tiene los conocimientos ni recursos para crear un negocio completamente nuevo en un nicho emergente, es mejor que espere a que crezca en popularidad o escoja otro que esté comprobado y sea fiable.

Mientras determina el índice de popularidad de su nicho, investigue el grupo demográfico específico de su nicho para poder determinar si su público objetivo está en Instagram o no. Si su objetivo principal es estar en Instagram y empezar a ganar dinero, no querrá echar por tierra su trabajo al escoger un nicho popular pero que no es grande en Instagram, ya que puede hacerle perder su tiempo en la plataforma.

Por último, necesita decidir lo rentable que va a ser su nicho. Esto es completamente diferente de cómo de rentable puede conseguir que sea el nicho. Simplemente porque un nicho mueva millones o incluso miles de millones de dólares no significa que esté garantizado que consiga sacar provecho y generar un beneficio decente de este. Sin embargo, necesita saber que existe la posibilidad de ser rentable siempre que ponga el esfuerzo por su parte, pero tiene que asegurarse de que hay dinero en ese nicho. Es simple: regrese a la investigación que hizo para determinar el tamaño de su nicho y tome nota de lo grande que es y la cantidad de dinero que circula en este cada año. Si el beneficio incrementa en un rango de varios millones de dólares, puede confirmar que su nicho es probablemente lo suficientemente rentable como para reclamar un puesto y desarrollar su riqueza a través de este nicho. Si la rentabilidad es bastante alta, pero parece que desciende cada año durante varios años, considere evitar este nicho, ya que es probable que esté perdiendo popularidad y ya no sea una buena oportunidad para nuevas personas que quieran entrar en el nicho. Aunque pueda ser capaz de ganar dinero antes de que el nicho se muera completamente, se pondrá en la posición de tener que volver a empezar de cero una vez el nicho se vuelva irrelevante. ¡No querrá perder el tiempo haciendo eso!

Encontrar su nicho en Instagram

Para finalizar, ¡necesita encontrar su nicho en Instagram! Esto es sencillo. Una vez tenga su perfil configurado, simplemente busque un *hashtag* genérico relacionado con su nicho. Por ejemplo, busque #yoga, #bienestar, #abogado, #dentista o cualquier otra cosa relacionada en general con su nicho y empiece a participar en el proceso de comentar e indicar que le gustan las publicaciones que aparecen en estas áreas. En este momento, no se preocupe mucho de ser encontrado o que le sigan, sino en encontrar su nicho y ver lo popular que es en Instagram. Si quiere, puede seguir estos *hashtags* para que se pueda mantener al tanto de su nicho online.

Encontrar y seguir a su nicho en Instagram de esta forma le va a permitir permanecer al día de lo que pasa en Instagram con su nicho. Si está en una industria donde hay muchas nuevas tendencias, esto le permitirá estar al tanto de todas las modas para que nunca se quede atrás ni se vuelva irrelevante a través de su negocio. Incluso si no lo está, puede sorprenderse de la cantidad de nuevas formas de promocionar su marca que se introducen con estos *hashtags*. Nunca es una mala idea seguir a su mercado en Instagram y mantenerse al día para que pueda estar informado sobre las mejores maneras de usar esta plataforma, para su marca o negocio pequeño en crecimiento.

Capítulo 7: Posicionar su marca

Posicionar su marca en Instagram es el paso necesario para poner la cuenta de su marca frente a la gente que tiene que verla e interactuar con usted y sus productos. Cuando usted está en Instagram, su meta es conseguir ventas, por lo que necesita pasar tiempo en los lugares donde es más probable que conecte con gente que quiera comprarle a usted o a su empresa. Esto funciona poniéndose frente a tres públicos principales: sus clientes potenciales, las personas influyentes de su industria y sus principales competidores. Cuando emplea tiempo en seguir e interactuar con estas tres áreas en la plataforma, podrá usar su habilidad para ser encontrado. A partir de ahí, todo lo que tiene que hacer es conseguir que su cuenta destaque para que la gente que se topa con ella se dé cuenta de que han encontrado algo increíble y se sientan inspirados para seguirle y empezar a interactuar con su marca regularmente.

En este capítulo, usted va a aprender sobre lo que necesita hacer para posicionar su marca para ser encontrada y empezar a usar Instagram para conseguir ventas en el mínimo tiempo posible. La creencia de que tiene que tener miles de seguidores para empezar a vender en Instagram, o en cualquier sitio online por ende, es una creencia falsa que mucha gente tiene cuando se adentran en el mundo del *marketing* en Internet. La verdad es: mientras que las personas adecuadas le vean, puede empezar a conseguir ventas de lujo, aunque solo tenga poco más de 100 seguidores, siempre que esté creando el contenido adecuado y poniéndolo frente a la gente idónea.

Saber dónde invertir tiempo en Instagram

Instagram ofrece muchas oportunidades diferentes de interactuar con sus seguidores y empezar a crear una imagen dinámica e interactiva para su marca para que cuando la gente encuentre su perfil, tenga la oportunidad de interactuar con usted de muchas formas. Normalmente, la mayoría de las marcas deberían invertir tiempo en IGTV, historias, publicando contenido e interactuando con el contenido de otra gente. Estas cuatro áreas principales le concederán las mejores oportunidades para empezar a crear un impacto enorme en el menor tiempo posible.

Siempre que está promocionando su marca, especialmente en Internet, debe preguntarse: ¿qué puedo hacer para conseguir el mayor impacto con la menor cantidad de trabajo posible? Idealmente, quiere hacer una cosa que impacte de muchas formas diferentes para poder empezar a contactar a gente de una manera más impactante. Vamos a desglosar cómo usar cada una de las cuatro estrategias mencionadas para maximizar su interacción y aumentar el número de sus seguidores rápidamente y, a la vez, posicionar su marca en el lugar online perfecto para que sus seguidores sean realmente parte de su público objetivo. Vamos a profundizar en cómo utilizar estas estrategias para sacar provecho a sus seguidores y animar a la gente a seguirle en el "capítulo 10: aumentar el número de seguidores"; pero aquí vamos a discutir cómo puede usarlas para conseguir el mayor impacto posible. Si realmente quiere usar estas estrategias, sin embargo, tendrá que combinar el proceso de crear un gran impacto con el proceso de crear contenido que anime a la gente a seguirle para que crezca rápido.

IGTV puede usarse de una forma sencilla: crear un video vertical que aporte inmenso valor y dure entre tres y diez minutos. Mientras lo hace, considere cómo puede atraer a sus seguidores en Instagram, además de cualquier otra plataforma en la que pueda invertir tiempo, como Facebook o Youtube. Después, una vez haya filmado su vídeo, publíquelo en IGTV y comparta el vídeo en sus otras plataformas para que la gente que le siga en estas pueda encontrarlo y obtener valor del vídeo también. También puede embeber el vídeo en un boletín electrónico para que la gente pueda localizarle online y empezar a seguirle, además de recibir su boletín. De esta forma, un solo vídeo puede tener un impacto enorme en alcanzar a su público objetivo online.

Las historias ofrecen una oportunidad más interactiva al estilo *entre bambalinas* para que sus fans empiecen a ver de qué va realmente su marca y forjar una relación más íntima con usted y su empresa. Usted puede usar historias simplemente tomando un par de fotografías relacionadas con su marca a lo largo del día y compartir una o dos palabras sobre lo que está ocurriendo en su vida o la vida de su marca entre bastidores. Otra forma genial de usar las historias es crear breves avances en vídeo (o *teasers*) que ofrecen una oportunidad incluso más interactiva de ver qué está haciendo y qué están creando en su marca. Algunos ejemplos de uso eficaz de historias serían Amanda Frances compartiendo *clips* de 30 segundos de sus últimos vídeos de entrenamiento para animar a la gente a interesarse y comprar el programa oficial de entrenamiento, o Kylie Jenner compartiendo vídeos en blanco y negro de sus nuevos colores de pintalabios para generar expectación.

Las publicaciones fueron las primeras formas de compartir en Instagram, y todavía son increíblemente importantes a la hora de expandir su marca online. Sus publicaciones en Instagram son su oportunidad de crear unas noticias que resulten estéticamente atractivas, y que animen a la gente a querer seguirle y prestar atención a más publicaciones suyas. Normalmente, la gente va a buscar tres cosas en sus publicaciones: el atractivo de la imagen, la cercanía del pie de foto y el valor que les ofrece el pie de foto basado en lo que están buscando. Puede aprender más acerca de cómo hacer publicaciones estéticamente atractivas con pies de foto de alta calidad en el capítulo 8: crear publicaciones. A la hora de sacar provecho de las publicaciones, la mejor forma es simplemente compartir estas publicaciones a través de diferentes plataformas. Sin embargo, si hace esto, asegúrese de revisar los pies de las imágenes y de que sean compatibles con otras plataformas. Por ejemplo, si el pie dice "compre esto en el enlace en la biografía" y comparte esta imagen en Facebook, sus seguidores en Facebook no serán capaces de encontrar su "biografía", ya que lo está compartiendo desde una plataforma diferente. Por esa razón, tendrá que ir a su fotografía en Facebook y ajustar el pie para incluir el enlace con el que la gente pueda visitar la página que usted indicaba en su publicación. De esta manera sus imágenes pueden tener un mayor impacto sin que parezca que está siendo desconsiderado o falso en cada plataforma, o tirando dinero a la basura teniendo a gente interesada pero incapaz de encontrar el enlace al que se refieren en la publicación.

Por último, interactuar con otra gente, como sabe, es una de las mejores maneras de aumentar la participación, ya que le permite ser visto por más gente que está interesada en cosas como las suyas. Cuando interactúa con la gente idónea, puede tener un impacto brutal por ser visto, no solo por la persona con la que interactúa, sino también por todos aquellos que siguen a ese individuo. Por ejemplo, podrá observar que, si hace un comentario en un perfil famoso, empezará a conseguir algunos seguidores que siguen a esa misma cuenta. Esto se puede atribuir a los comentarios que hizo en los perfiles de famosos porque algunos de los seguidores que ganó serán cuentas de admiradores de esos famosos. Mientras que ganar seguidores de esta forma en cualquier industria aleatoria no es efectiva, puede usar esta oportunidad para conectar específicamente con aquellos en su industria, concentrándose en comentar en perfiles de famosos relevantes a su industria. Por ejemplo, si es un astrólogo, comentar en perfiles de astrólogos famosos y dejar observaciones genuinas o palabras de apoyo es una gran oportunidad para que le vean otras personas que prestan atención a estas cuentas también. De esta forma, sus seguidores le ven y se interesan en seguirle a usted también, lo que significa que sus comentarios no solo le ayudan a interactuar con otras cuentas y aparecer más alto en las noticias de estos individuos, sino que también le ayudan a conseguir nuevos seguidores. Es más, cualquiera que les siga a ambos y a estas cuentas famosas, probablemente vea su nombre y su comentario cuando están navegando, ya que a Instagram le gusta mostrar a la gente lo que sus amigos comentan en los perfiles de otros. Así que, cuando vean esta cuenta famosa en sus noticias, verán su comentario en la cuenta, lo que les recordará a usted y su marca. Por tanto, se le puede sacar mucho más partido a estos comentarios que los realizados en cuentas más pequeñas donde seguramente la única persona prestando atención es la dueña de la cuenta.

Crear una presencia que la gente quiera seguir

Cuando está interactuando con Instagram, es indispensable posicionar su marca creando una presencia uniforme que la gente realmente quiera seguir. Tiene que cerciorarse de que las imágenes y mensajes que comparte en su IGTV, historias, perfil y comentarios reflejan lo mismo para que su marca sea coherente. Cuando la gente puede esperar consistencia por parte de su marca, saben que es de fiar y que es una marca positiva con la que interactuar.

Si ya tiene una marca, lo más probable es que ya tenga una idea de lo que es la consistencia y por qué es importante que su imagen de marca y mensaje se mantengan consistentes sin importar el lugar donde comparten contenido. En este caso, su meta debería ser adaptar la imagen de marca existente para encajar en Instagram para que su perfil permanezca fiel a los valores fundamentales de su marca, pero relevantes a los valores fundamentales de Instagram y la gente que pasa tiempo en la plataforma. Si pusiese su perfil de Instagram al lado de cualquier otro perfil que tenga online o plataforma que use offline, el mensaje y la estética general deberían ser consistentes mostrando que usted es la misma marca que estos individuos conocen y aman. De esa forma, la gente puede reconocerle inmediatamente, y no se confunden sobre quién es usted o qué es lo que ofrece porque se mantiene uniforme a lo largo de todas las plataformas.

Si es una marca completamente nueva, va a tener que crear una imagen general que pueda sostener en Instagram para que pueda ser consistente. La mejor forma de hacer esto es crear un muro de inspiración y una declaración de principios para que pueda usarlos como base para todo lo que vaya a publicar en su plataforma. Los muros de inspiración o muros de imágenes, que constan de diferentes imágenes, colores y fuentes, se usan para generar una estética general de lo que le gustaría que pareciese su marca en Instagram. Puede crear un muro de inspiración en cualquier plataforma de edición de fotografía como Canva o Pic Monkey, y usarlo para verificar todas sus imágenes. Si las imágenes elegidas parece que encajan perfectamente en su muro de inspiración, entonces sabe que encajarán perfectamente en su página web. Si las imágenes seleccionadas parecen fuera de lugar, va a tener que adaptarlas para asegurarse de que son coherentes con su estética general. Se puede hacer lo mismo con su declaración de principios. Si la publicación claramente se asemeja a los mensajes fundamentales recogidos en su declaración de principios, entonces sabrá que están en línea con la marca y se reflejará en su público objetivo. Si su publicación está fuera de esta declaración, tendrá que ajustarla para cerciorarse de que refleja los valores y los principios de su marca con exactitud.

Posicionarse como el experto

Lo último que tiene que hacer para posicionar su marca online de verdad es asegurarse de que se posiciona como el experto en la plataforma. Tiene que estar seguro de que cuando la gente vea su cuenta, sepan que es una eminencia, la persona a la que acudir, porque claramente sabe de lo que está hablando y puede ayudarles con lo que necesitan saber. Puede posicionarse como el experto usando publicaciones que ejercen autoridad, experiencia y credibilidad. Deje claro a través de su lenguaje, mensaje, e incluso su postura en su imagen, que es alguien seguro de sí mismo y que claramente sabe de lo que está hablando. De esta forma, la gente puede confiar en que lo que está compartiendo con ellos es honesto y lo suficientemente de confianza como para seguirle a usted y su mensaje.

Como ya aprenderá en el capítulo 8, uno de los mayores errores que la gente comete cuando está en Instagram es crear publicaciones sin fundamentos o sin autoridad ni credibilidad. No debe publicar continuamente preguntas o cosas que le hagan parecer que no sabe de lo que está hablando o como que puede que no sea la persona a la que confiar sus necesidades. Por ejemplo, si es un asesor o asesora financiera, hablar de sus propias penurias financieras puede indicar que no es de confianza o que es incapaz de manejar sus finanzas lo suficientemente bien como para encargarse de las de sus clientes eficazmente. Sin embargo, si habla de problemas que tuvo en el pasado y eficientemente cierra el asunto con una lección que prueba que estos problemas son parte del pasado y ahora sabe lo suficiente como para ayudarse no solo a sí mismo sino a otros también, puede merecer la pena hablar de ello. Aun así, deberá tener cuidado con la forma de expresarse para evitar que parezca que se relega de una posición de autoridad al revelar que no solía ser bueno en lo que ahora declara que es un experto.

Capítulo 8: Crear publicaciones

Sus noticias suponen alrededor de un tercio de sus oportunidades para compartir contenido a la hora de poner su marca frente a su público. Los otros dos tercios se dividen equitativamente entre IGTV y las historias de Instagram, y ambas se merecen la misma atención al detalle que sus publicaciones. En este capítulo va a aprender a crear poderosas publicaciones que le van a ayudar a atraer nuevos clientes a su perfil para que pueda optimizar el alcance y exposición de su marca.

A la hora de publicar en IGTV o en historias, debería seguir los mismos pasos para asegurarse de que todo su contenido se mantiene consistente y en línea con la marca. Se habrá dado cuenta de que en cada área en la que hemos discutido cómo crear publicaciones para sus noticias, también hemos hablado sobre cómo adaptar estas "reglas" particulares a sus historias e IGTV también. De esta forma estará creando contenido poderoso para las tres áreas donde tiene la mejor oportunidad de ponerse frente a su público objetivo y crear contenido potente y cargado de significado para aquellos que le están siguiendo o le acaban de encontrar.

El ingrediente principal: sus imágenes

El ingrediente principal de sus publicaciones en Instagram, sin importar dónde lo está compartiendo, es su imagen. Sus imágenes son la primera cosa a la que la gente va a prestar atención cuando lleguen a su perfil para determinar si quieren seguirle o no, ver más de lo que tiene que ofrecer e interactuar con su marca o no. Si quiere aprovechar al máximo su participación, necesita crear imágenes que van a evitar que la gente pase de largo, que sigan prestándole atención por unos momentos y, con suerte, hagan clic en su perfil para saber más sobre usted.

En sus noticias, todas sus imágenes tienen que mantenerse atractivas y consistentes. La mayoría de la gente organiza sus imágenes para que formen un tema o una apariencia uniforme a lo largo de su perfil para que puedan tener esa imagen estéticamente atractiva que la gente tiende a buscar en Instagram. Usted puede crear su propia imagen estéticamente atractiva en sus noticias siguiendo el muro de inspiración de su marca, como mencionamos en el capítulo 7, así como creando su propia temática y cerciorándose de que sus imágenes encajan perfectamente con esta. Si quiere un tema de publicaciones específico que cree una imagen visual, como alternando entre compartir citas e imágenes o *selfies*, considere mirar los perfiles de su competencia y ver cómo están diseñando sus noticias. De esta forma, puede hacerse una idea de la apariencia que le gusta más y cuál le gusta más a su público en común, permitiéndole crear una temática de gran impacto.

Además de asegurarse de que su fotografía encaja con la estética general de sus noticias y su marca, también necesita estar seguro de que su fotografía es de alta calidad. Si puede, retoque ligeramente la imagen para que siga pareciendo natural, pero creando un aspecto más profesional o de mayor calidad. Cuanto más hermosas sean sus imágenes, más probable será que la gente preste atención a sus noticias y decida seguirle, así que, desde luego, merece la pena invertir tiempo en crear una imagen que sea muy atrayente. Si no es un editor o editora profesional, recuerde las dos aplicaciones mencionadas previamente que se pueden descargar directamente en su teléfono. Lightroom CC y Face Tune Lite son dos aplicaciones geniales que se pueden usar para crear retoques de aspecto natural sin demasiado esfuerzo por su parte. Recuerde: no retoque las imágenes en exceso o empezarán a parecer extrañas, y la gente no querrá seguirle porque será evidente que está abusando de la edición en sus imágenes, resultando hortera y poco interesante. A la gente le gusta lo natural y lo auténtico, aunque esté retocado mínimamente para crear una imagen más atractiva en general.

Mirando a través de los ojos de su público

Cuando está creando sus publicaciones, desde su imagen a su pie de foto, asegúrese de mirar a través de los ojos de su público y considere lo que van a ver y captar de sus publicaciones. Su público normalmente prestará atención a dos cosas principalmente: lo atrayentes que sean y el valor que pueden obtener de estas publicaciones en tiempo reducido. Esto significa que tiene que crear una imagen que les atraiga y les merezca la pena prestarle atención, y un pie que ofrezca un inmenso valor sin que requiera mucho esfuerzo obtener ese valor por parte de su audiencia.

Cada vez que empiece a crear una publicación, empiece por preguntarse a sí mismo qué querría ver su público en ese momento y qué es relevante para este según lo que está buscando. Entonces, según continúa con el proceso creativo, mantenga a su público en mente. Compruebe que cada parte de su publicación está creada para ellos para que sea más probable que realmente lean e interactúen con lo que ha compartido con ellos.

Tomar, encontrar y elegir sus imágenes

Si está construyendo una cuenta para su marca, puede que se pregunte de dónde va a sacar todas las imágenes. Teniendo en cuenta que debería subir entre una y tres imágenes cada día, puede que se abrume al pensar que tiene que tomar y editar todas estas fotografías cada día. La verdad es que no tiene que hacerlas o editarlas diariamente, ni siquiera tiene que hacer las fotos usted para poder usarlas en su cuenta de Instagram. De hecho, hay muchas formas en las que puede acumular contenido para su cuenta sin tener que planificar sesiones de fotos todos los días y después editarlas para su perfil.

Normalmente hay cuatro maneras en las que la gente crea contenido para Instagram: sacar sus propias fotos; compartir fotos; usar fotos de archivo, o crear imágenes de citas. A continuación, explicaremos con más detalle estos cuatro tipos de contenido, además de cómo acumular mucho contenido invirtiendo poco tiempo.

Tomar sus propias fotografías

Sacar fotografías no tiene por qué llevar mucho tiempo o ser complicado. En realidad, ni siquiera necesita tener experiencia profesional manejando cámaras para empezar a tomar fotos fantásticas para su perfil de Instagram. La forma más sencilla de empezar a hacer fotos para Instagram es pensar sobre su marca. Considere qué parte de su vida diaria encaja con su marca y tome algunas fotografías de esa parte de su día.

Otra forma genial de acumular fotos en línea con su marca es tomar fotos de más siempre que se encuentre en un ambiente que refleje su imagen. Por ejemplo, si es un viajero o viajera, tome varias fotos cuando esté haciendo senderismo, en aviones o comiendo en restaurantes nuevos para así tener una plétora de fotografías para compartir en su perfil. De esta forma, no necesita sacar fotos nuevas diariamente ni asegurarse de que está siempre en ambientes en línea con su marca porque ya tiene una reserva de imágenes para usar si alguna vez las necesita.

Compartir fotos

En Instagram, una herramienta muy poderosa que las marcas pueden usar es compartir fotografías de otras personas. A esto se le llama usar "contenido generado por usuarios", que básicamente significa usar fotografías tomadas por sus seguidores relacionadas de alguna forma con su marca. Normalmente, las marcas harán esto cuando uno de sus seguidores comparta algo y etiquete a la marca, ya que es una forma fantástica de mostrar sus productos o servicios siendo usados por gente alrededor del mundo. Algunas marcas que recurren a esta técnica son Starbucks o Tim Hortons, donde usan mucho contenido generado por usuarios para alardear de cómo sus fans disfrutan de sus cafés en todas partes. Al principio, puede que no pueda usar mucho contenido generado por usuarios, pero según continúe creciendo y trabajando con *influencers*, esto será más sencillo para usted.

Imágenes de archivo

Las imágenes de archivo son otra forma excelente de acceder a fotografías sin tener que hacerlas usted mismo. Hay infinidad de imágenes de archivo de uso libre en páginas web como Unsplash o Negative Space, así como imágenes de pago disponibles en plataformas como iStock o Adobe Stock. Puede decidir si quiere pagar o no por sus fotografías, ya que tanto las fotografías sin derechos de autor como las de pago tienen cada una sus ventajas dependiendo de lo que esté buscando. La ventaja obvia de las fotografías de uso libre es que son gratis, lo que significa que puede acumular varias y usarlas sin tener que preocuparse por el precio. Sin embargo, estas imágenes tienden a usarse frecuentemente, así que es más probable que acabe publicando imágenes que otras marcas ya han usado, haciendo que la suya resulte menos original. Aun así, puede utilizarlas para organizar unas noticias increíbles, y en la mayor parte de los casos, a sus seguidores probablemente no les importe. Por otro lado, es menos probable que la población normal use imágenes de archivo de pago, de manera que, si paga por sus fotografías de archivo, tiene menos probabilidades de tener imágenes repetidas. Además, las páginas web con imágenes de archivo de pago tienden a tener fotografías de mayor calidad y una variedad mucho más amplia de fotografías para usar en su plataforma. Tendrá que decidir qué ruta le ofrece más ventajas y partir desde ahí para asegurarse de que consigue el mejor trato posible.

Imágenes de citas

Otra forma común de imagen que verá en Instagram son las imágenes de citas, que es mejor si las crea, para así poder usar los colores y fuentes de su marca, además de añadir su logotipo si lo desea. Las citas en Instagram deberían usarse con moderación o, por lo menos, compensadas con fotografías de caras; no obstante, ofrecen la oportunidad de añadir contenido y valor extra para su público. Además, son fáciles de crear, no requieren organizar una sesión de fotos y se pueden compartir en otras plataformas también. Puede usar plataformas como Canva o Word Swag fácilmente para crear imágenes de citas para su página web. Ambas tienen opciones gratuitas y de pago para que las aproveche dependiendo de lo que está buscando.

Transmitir el mensaje

Cuando está publicando en Instagram, va a tener que asegurarse de que su mensaje se escribe de forma que sea realmente tangible para la gente que está prestando atención a lo que publica. En Instagram, por lo general, los pies de foto largos o farragosos no resultan interesantes a la gente que está intentando atraer, así que va a tener que cerciorarse de que se toma su tiempo para encontrar la forma de decir cosas con la menor cantidad de palabras posibles. Por ejemplo, en vez de decir "Tenemos unas rebajas geniales este fin de semana en nuestro local de Vancouver. ¡Puedes encontrar montones de precios al rojo vivo en zapatos y bolsos nuevo!¡Ven a nuestra página web para un adelanto de todos los detalles!" podría decir, "¡Rebajas en el local de Vancouver este fin de semana!¡Zapatos, bolsos y más!¡Pulsa en #enlacenelabiografia para más detalles!". Esto es claramente más corto, va al grano y asegura que su público tiene más posibilidades de seguir su propuesta de actuación de visitar su enlace porque ha suscitado su interés.

Si está planeando ofrecer un mensaje con un vídeo, tendrá que considerar la mejor forma de hacerlo. Si tiene un mensaje corto que dura menos de un minuto, puede transmitir el mensaje a través de sus historias diciendo rápidamente lo que está pensando en una historia. Si tiene un mensaje más largo que compartir, siempre puede compartirlo con un vídeo en directo si no le importa que sea borrado en 24 horas, o en IGTV si quiere que permanezca durante más tiempo. De forma alternativa, puede considerar crear un vídeo de 60 segundos o menos y compartirlo en sus noticias si está en línea con su imagen y potenciará el estilo de sus noticias.

La gran clave con Instagram es mantener siempre sus mensajes llamativos y al grano. A la gente en esta plataforma les gusta ser maravillados por el nuevo contenido que ven y leen, de manera que tiene que destacar entre la multitud. Tiene que seguir siendo enérgico, interesante y próximo para que su público le preste atención.

Dicho esto, también tiene que procurar incorporar suficiente valor en sus publicaciones para que valga la pena leerlas y seguir su llamada a la acción. Puede animar a la gente a leer y obtener ese valor usando el mismo idioma que su público usa: describiendo cosas de forma que les permita asociar cognitivamente su marca con algo, como un sentimiento, y usar llamadas a la acción que estén tanto claras como ocultas. Sí, en muchos casos, ocultar su llamada a la acción es una gran forma de asegurarse de que se encuentra ahí, pero de que no llama la atención de forma que parezca que está intentando llevar a todos sus clientes por su proceso de ventas en cada publicación. Puede incorporar una llamada a la acción secreta diciendo cosas como "¿No son adorables estas gafas de sol de ojo de gato? ¡Nuestros diseñadores se han superado!" mostrando a su público que está entusiasmado con las gafas de sol que acaba de sacar. Si les gustan las gafas también, probablemente vayan a su página para ver si pueden encontrarlas a través de su enlace para conseguir también un par.

Como alternativa, puede utilizar un enfoque diferente donde hace referencia a un programa o servicio que ofrece a través de una descripción que está compartiendo. En este caso, puede ofrecer un extracto de información o consejo gratuito haciendo referencia a un programa donde ofrece información similar y después concluir su punto. Por ejemplo: "Tres pasos para dominar la ley de la atracción. Hablamos más a fondo en mi Clase maestra de manifestación, pero los pasos fundamentales son:" y a continuación termina con los tres pasos. Esto le da a los lectores valor inmediatamente y también hace referencia a un programa que quiere que vean si desean más información sobre el tema. A través de este tipo de llamada a la acción, usted ha creado interés en su oferta e implantado en la mente de su público la idea de investigarlo, sin pedirles expresamente que vayan a verlo. De esta forma, la gente no se siente excesivamente expuesta a publicidad en su página y es más probable que continúen siguiéndole y mirando sus ofertas.

Usar *hashtags* de forma eficaz

Sus *hashtags* son un elemento extremadamente importante de sus publicaciones, ya que le ofrecen la oportunidad de ser visto por gente que no le está siguiendo todavía. Necesita utilizar *hashtags* de forma eficaz para asegurar que la gente que tiene que ver su perfil efectivamente le vea, ampliando al máximo su visibilidad y, como resultado, aumentando al máximo el número de seguidores posibles. Hay dos formas de encontrar *hashtags* para ayudarle a conectar más con su público objetivo. Una forma incluye investigación dentro de la aplicación, y la otra requiere usar una aplicación de terceros. Abajo analizaremos ambas formas.

Investigación dentro de la app

La investigación dentro de la aplicación se puede hacer en Instagram buscando palabras clave relacionadas con su nicho y yendo después a sus páginas. Por ejemplo, si busca "salud" en la barra de búsqueda y después va a la página "#salud", tendrá la oportunidad de empezar a encontrar algunos *hashtags* geniales relacionados con el mundo de la salud para usar en su perfil. Una vez esté en la página de #salud, sabrá lo popular que es el *hashtag*, las fotografías que han sido vinculadas a él y *hashtags* similares usados por gente en Instagram. Aquí debe hacer tres cosas. Si el *hashtag* que buscó es extremadamente relevante para su nicho, anótelo y guárdelo en un documento para que pueda acceder a él más tarde. Después, revise los *hashtags* relacionados y empiece a seleccionarlos para ver el número de seguidores que tienen. La mayoría de los *hashtags* que usará deberían tener entre 50.000 y 500.000 seguidores ya que asegura que son grandes, pero no tan grandes como para que vaya a ser enterrado bajo nuevas publicaciones si los usa. Los *hashtags* con millones de fotografías vinculadas reciben nuevas fotografías cada pocos segundos, de manera que su fotografía será básicamente sepultada por otras fotos en solo unos pocos minutos. En las más pequeñas, aunque se usan y buscan frecuentemente, no se usan en una proporción tan alta como para ser enterrado por sus competidores.

Una vez haya escrito todos estos *hashtags*, puede empezar a investigar a los principales publicadores que usan los *hashtags* en su lista y ver qué más etiquetan en sus fotografías. Intente encontrar cuantos más *hashtags* relevantes posibles relacionados con su nicho. Puede utilizar hasta 30 *hashtags* por publicación, pero no use los mismos una y otra vez, o tendrá problemas para contactar con nuevos miembros de su público. En cambio, debería mezclarlos, usando entre 60 y 120 hashtags que puede intercambiar en cada post para estar seguro de que siempre se dirige a nuevas áreas de su público.

Aplicaciones de terceros

Las aplicaciones de terceros son otra gran forma de encontrar *hashtags* relevantes para su negocio y usarlos para sus publicaciones. Aplicaciones como PLANN e Iconosquare tienen funciones que permiten investigar los *hashtags* relevantes para su negocio y compilarlos en listas que puede usar cuando esté publicando en su página de Instagram. En estas aplicaciones, simplemente teclee una palabra clave relevante para su negocio o industria y le devolverá una lista con varios *hashtags* que puede usar para sus fotografías. PLANN, en particular, es una aplicación genial porque ofrece especificaciones en sus listas que muestran la frecuencia de uso de los *hashtags*. Los *hashtags* subrayados en verde se usan moderadamente, asegurando que su imagen será probablemente vista, y los *hashtags* subrayados en azul oscuro o rojo se usan demasiado y debería evitarlos. El azul claro indica que el *hashtag* no se usa a menudo, aunque si se usa más de 50.000 veces, debería considerar usarlo igualmente para ayudar a que su foto sea vista con más frecuencia.

Usar hashtags correctamente

Según dónde publique su imagen tendrá que ajustar el uso de los *hashtags*. Si publica el *hashtag* en su página, debería escribirlos en una nota antes de publicar su foto para que inmediatamente pueda publicarlos en el primer comentario de su imagen. Es mejor hacer esto en vez de publicarlos en el pie de foto con el resto del texto porque de esta forma el pie de foto queda limpio y separado de la lista de *hashtags*. Algunas personas usan varios puntos y espacios para poner los hashtags en la parte inferior del pie de foto, pero esto da un aspecto desordenado y molesto y puede restar a la imagen profesional de su página. Al ponerlos en la sección de comentarios, su foto resultará atractiva y profesional.

Si está publicando una historia, también puede usar uno o dos *hashtags* en su historia para ayudar a que la vea la gente que está siguiendo ciertas historias. De esta forma, es probable que más gente, aparte de sus seguidores, vean su historia, lo que significa que añade una forma más de ser localizado en Instagram. También puede usar *hashtags* en las descripciones de los vídeos en directo y en los vídeos de IGTV para ser encontrado más fácilmente, aunque puede que no sean tan efectivos en estas plataformas, así que use solo un par para evitar sobrecargar las descripciones.

Crear un horario de publicación

En Instagram, puede ser extremadamente útil crear un horario de publicación para determinar cuándo publicar en Instagram. La mayor ventaja de los horarios de publicación es que los puede ajustar a sus momentos de actividad más populares en Instagram para asegurar que sus publicaciones tengan la mayor tracción posible de forma inmediata, lo que ayuda a ganar tracción a largo plazo también. Otra gran ventaja de usar horarios de publicación es que, una vez que establece el horario, sabe exactamente cuándo tiene que publicar cada día, sin necesidad de conjeturas ni intentar encajarlas con su calendario diario. Simplemente anótelo basándose en sus tiempos más populares.

La mejor forma de crear un horario de publicación es mirar en sus estadísticas para empresas de Instagram o una aplicación de terceros, que le dirán los momentos óptimos para publicar en su cuenta. Durante las tres o cuatro primeras semanas, publique aleatoriamente a lo largo del día sin ningún horario específico, intentando publicar a diferentes horas cada día. De esta forma, su *app* puede utilizar una gran información diversa para que el análisis que le ofrezca de los horarios más populares de su cuenta sea preciso. Una vez haya acumulado sus mejores horarios de publicación en sus gráficas de análisis, puede empezar a publicar basado en estos tiempos.

Si realmente quiere aprovechar sus estadísticas y horarios de publicación, empiece a interactuar con sus seguidores y algunos de los *hashtags* que utilizará en sus publicaciones alrededor de una hora antes de publicar algo. Debería participar periódicamente a lo largo del día, pero al incrementar su interacción saliente a esa hora, aumenta la popularidad de su perfil, lo que significa que es más probable que Instagram muestre su nueva publicación a la gente con la que está interactuando. Dicho de otro modo, el algoritmo de Instagram piensa "ustedes estaban interactuando y teniendo una conversación en otra publicación. ¡Seguro que esta persona estaría interesada en ver su nueva publicación!". Por supuesto, el algoritmo de Instagram no tiene pensamientos humanoides, pero puede hacerse una idea de cómo funciona la tecnología IFTTT (si ocurre esto, haz esto otro) del algoritmo para que pueda empezar a usarla para obtener mayor popularidad en la plataforma.

Reducir los tiempos de publicación

Por último, si no quiere tardar mucho tiempo en tener disponibles sus publicaciones en Instagram, hay algunas formas de reducir los tiempos de publicación para que no emplee horas cada día participando y creando publicaciones para que pueda conectar con este segmento de su público. La mejor forma de reducir sus tiempos de publicación es usar un calendario programable, como los de PLANN o Iconosquare, o incluso simplemente creando y guardando publicaciones como borradores. Puede crear contenido por adelantado para unos cuantos días, incluso imágenes, pies de foto y *hashtags* y después programar su publicación automática a lo largo del día. Si las tiene guardadas como borradores, puede establecer un recordatorio en su teléfono y volver a la aplicación para lanzar la publicación cuando vea la alarma. Si elige este método y decide mantener los *hashtags* separados en los comentarios, asegúrese de establecer recordatorios en su teléfono para copiar y pegar el grupo de *hashtags* en su última publicación para que la vean. Al fin y al cabo, no tiene sentido realizar el esfuerzo de programar sus publicaciones si se olvida de incluir sus *hashtags* y que prácticamente nadie las vea.

Capítulo 9: Evaluar su competencia

En Instagram, la tendencia de que cada vez haya más pequeñas empresas en esta red social significa que cada vez hay más competidores que van a usar la plataforma junto a usted. Algunas personas en su nicho sacarán provecho a la plataforma y conseguirán nuevos seguidores y clientes de forma satisfactoria, mientras que otros van a tener problemas y finalmente fracasar en el uso de la plataforma, haciendo un esfuerzo en balde. Usted, obviamente, quiere estar en el primer grupo de personas que se dirigen hacia el éxito y avanzan en las clasificaciones en Instagram para poder ganar el mayor número de seguidores y crear un impacto con su cuenta.

Una parte de hacer crecer su cuenta y tener éxito con Instagram es saber cómo evaluar a su competencia y sacar provecho de la información que saque "espiando" para incrementar su crecimiento. Los pasos en este capítulo van a enseñarle cómo seguir y espiar de forma ética a su competencia y usar su crecimiento e información para beneficio de su propio crecimiento.

Encontrar a su competencia en Instagram

El primer paso, que no es muy complicado, es encontrar a la competencia en Instagram. Encontrará a su competencia de la misma forma que encontró a sus seguidores, ya que, como usted, sus competidores querrán pasar mucho tiempo cerca de su público común. Una forma genial de encontrar a su competencia es ir a sus *hashtags* específicos de su nicho y empezar a buscar a la gente a la que le gusta las publicaciones que se comparten. Esos "me gusta" incluirán a negocios que están concentrándose en el mismo público que usted, de manera que lo único que tiene que hacer es desplazarse entre estos e identificar a los individuos que claramente dirigen páginas de negocios y empiece a revisar su contenido. Ahora, depende de usted cómo quiera hacer esto. Puede seguir a sus competidores, o simplemente puede visitar sus páginas de forma regular. Normalmente, es más fácil simplemente seguir a su competencia para que pueda verlos en sus noticias y mantenerse al tanto con lo que están haciendo de forma más sencilla.

Preferiblemente, debería seguir a entre 10 y 15 de sus competidores para poder ver una abundante gama de público de su competencia. Cerciórese de seguir a competidores que estén en su mismo nivel de negocio, así como algunos que estén ligeramente por delante de usted, y unos que estén donde quiere que esté su negocio. De esta forma, puede ver una amplia variedad de lo que funciona en cada etapa de los negocios, y puede empezar a adaptar las estrategias eficaces de cada etapa a sus métodos para aspirar a crecer nada más empezar.

Espiar a su competencia de forma ética para conseguir inspiración

Cuando espía a su competencia para conseguir inspiración, la clave es hacerlo de manera que no parezca sospechoso ni a escondidas. En Instagram, la forma más fácil de hacerlo es interactuar con su competencia y crear relaciones reales con ellos también. Instagram es una comunidad social, y al crear relaciones, muestra que espera resultados positivos para todos en la industria, no solo para usted. Le pueden gustar e interactuar con las fotografías de otras personas que son parte de su competencia, siempre que no publique nada deshonesto que haga parecer que está intentando robar a su público. Por ejemplo, si es una marca respetuosa con el medio ambiente y su competencia publica sobre pajitas ecológicas, en vez de comentar "¡Bien, nosotros acabamos de recibirlas!" publique "¡Nos encantan también!". De esta forma está mostrando su apoyo, pero no está intentando descaradamente llevarse su público para que vayan a su página.

Además, si consigue inspiración de sus competidores, asegúrese de adaptarla de forma que encaje con su marca y no parezca que está realizando grandes esfuerzos por copiar su estrategia al pie de la letra. No debe imitar completamente lo que hace otra marca o copiar directamente otra marca, ya que resulta obvio y hace que su marca parezca falsa e incluso una estafa o fraude en vez de una marca real. Use la inspiración en otros para crear un enfoque único, puesto que le permite sacar provecho de nuevas estrategias mientras se mantiene original a su marca.

Otra forma potente de espiar a su competencia y obtener más información de lo que está en la superficie es echarle un vistazo a través de *apps* como PLANN. Estas aplicaciones le permiten, tras teclear el nombre de usuario de su competidor en una barra de búsqueda, ver sus imágenes y *hashtags* más populares y su paleta de colores para que pueda apreciar una instantánea mejor de la marca de su competencia. ¡Esta es una forma fantástica de obtener inspiración en profundidad para sacar provecho del éxito de su competencia para crear el suyo propio!

Cómo utilizar la información que encuentre

La mejor forma de tomar la información que obtenga de su competencia y ponerla a trabajar en su marca es pasar un tiempo cada semana revisando los perfiles de sus competidores y hacerse una idea de lo que hacen en cuanto a *marketing*. Preste atención a sus últimas tendencias, lo que dicen, cómo son sus publicaciones más populares, y qué rebajas u ofertas nuevas tienen en su negocio esa semana. De esta forma, puede acumular la información de forma regular y empezar a prepararla para incorporarla en sus estrategias de *marketing*.

Una vez haya identificado las tendencias y nuevas estrategias usadas, puede empezar a destacar las tendencias que parece que funcionan o atraen más atención al perfil de su competencia. Después, considere cómo puede usar esas estrategias en su negocio de forma que estén en línea con su público y su marca mientras que le siguen dando la oportunidad de sacar provecho del crecimiento y éxito de estas nuevas estrategias. Por ejemplo, si su competencia ha estado subiendo más citas recientemente y descubre que están captando la atención, puede empezar a subir más citas a su perfil también. Sin embargo, no copie directamente las mismas citas de la página que usa su competidor; en vez de eso, intente utilizar citas originales que reflejen su marca y su imagen sin que parezca que está copiando directamente a su competencia. De esta forma, puede empezar a optimizar su crecimiento con estrategias que le funcionan a su competencia, sin parecer un imitador ni un timo de marca.

Capítulo 10: Conseguir más seguidores

Tal vez la parte más importante de estar en Instagram es aumentar su número de seguidores para tener un público al que promocionar su marca. Aunque todo este libro ha contribuido de una manera u otra a su habilidad para conseguir más seguidores y aumentar su alcance, todavía hay varias cosas que puede hacer para hacer crecer su cuenta de Instagram de verdad y empezar a ver tasas de participación más altas. En este capítulo va a descubrir lo que se necesita para aumentar el número de seguidores y empezar a triunfar a través de su cuenta de Instagram.

Motivar la participación en su página

Lo primero que puede hacer para empezar a aumentar el número de seguidores es motivar a la gente a interactuar con usted en su página. Recuerde, el algoritmo de Instagram favorece a las cuentas que participan en las páginas de otros, lo que significa que, si puede conseguir que sus seguidores empiecen a interactuar más con usted, puede estar seguro de que van a empezar a ver más contenido suyo también. Puede animar la participación de dos formas: interactuar con otros y pedir la participación de sus seguidores.

Cuando interactúa con la gente que le sigue de forma regular, se sienten más inclinados a interactuar con usted en sus publicaciones porque empiezan a sentir que se desarrolla una relación. El respaldo continuo entre usted y su público se convierte en una parte regular de su relación. Cuando hace un esfuerzo extra por repasar su lista de seguidores y contactar con ellos, usted está rompiendo el hielo, lo que les hace sentirse más cómodos y comprometidos con usted y su marca. Puede hacer esto revisando su lista de seguidores regularmente y pulsando en cuentas aleatoriamente y participar en su contenido. Dejar algunos comentarios sinceros e indicar que le gustan algunas de sus publicaciones recientes es una gran oportunidad de empezar a interactuar con la gente e inspirar a que ellos hagan lo mismo con usted la próxima vez que vean su contenido.

Según publica contenido, puede pedir la participación de la gente diciendo cosas como "¡Nos encanta el verano! ¿Y a ti?", animando a la gente a contestar "Sí" u otra cosa en su foto de perfil. También puede incrementar la interacción escribiendo pies de foto que digan cosas como: "¡Comenta tu _____ favorito!" o "¡Etiqueta a un amigo al que le encantaría esto también!". Al pedir a sus seguidores que participen en su contenido de esta manera les ayuda a romper su proceso de desplazarse por la plataforma de forma mecánica y, en su lugar, escoger interactuar con su contenido.

Otra forma genial de motivar la participación es organizar rifas en su página, lo que le permite establecer reglas que requieran que los individuos interactúen con su publicación para poder entrar en el sorteo. A menudo, las empresas deciden los premios del sorteo y después establecen los requisitos para que las personas puedan participar, como, por ejemplo: "¡Síguenos, etiqueta a un amigo y comparte esta publicación en tus historias para entrar en el sorteo!". Después, dejarán que la rifa siga activa durante un tiempo para experimentar la máxima interacción con sus seguidores. Este tipo de comportamiento impulsa la participación en esa publicación, pero le ayudará a aumentar la interacción también en el resto de sus publicaciones. Obviamente no quiere organizar demasiados sorteos, pero dos o cuatro al año son suficientes, y es una forma fantástica de interactuar con más seguidores.

Actualizar regularmente la lista de cuentas seguidas

Las personas y *hashtags* que sigue son los que llenan su pantalla de inicio, lo que le permite ver imágenes que la gente que sigue comparte de forma regular. Asegúrese de actualizar periódicamente su lista de cuentas seguidas de forma que vea únicamente a la gente que está realmente asociada con su marca y posicionamiento. Puede sentirse inclinado a seguir intereses personales en Instagram, pero normalmente es mejor reservarlo para cuentas personales privadas en vez de cuentas comerciales. Querrá cerciorarse de que su tiempo recorriendo sus cuentas seguidas se emplee invirtiendo en el crecimiento de su negocio para que, a la larga, sea productivo.

Puede actualizar su lista de perfiles seguidos revisándola y dejando de seguir a todo aquel que no tiene sentido para su marca. De esta forma, no estará viendo contenido completamente irrelevante para usted ni seguirá cuentas que probablemente no le producirán ningún rendimiento de su interacción. Solo puede seguir y dejar de seguir 60 cuentas en una hora, así que tómese su tiempo en esto y hágalo regularmente para que no tenga que hacer muchos cambios a su cuenta de golpe. Debería hacer esto semanalmente para mantenerse relevante en su industria y ver las últimas tendencias y personas en alza.

Una vez haya dejado de seguir a todo aquel que no sea relevante para usted, puede revisar sus *hashtags* más populares en busca de nuevos *hashtags* o seguidores a los que prestar atención mediante las principales publicaciones en estas búsquedas. De esta forma puede empezar a seguir a nuevos usuarios que pueden ayudarle a conseguir más atención para su cuenta cada vez que usted participe en su contenido o interactúe con ellos. Además, cuando sigue nuevos *hashtags* que son tendencia en su nicho, puede empezar a utilizarlos en sus fotografías para que usted siga siendo relevante también. Este tipo de investigación crea dos poderosas oportunidades de crecimiento en una sola acción, así que merece la pena prestarle su atención y tiempo regularmente.

Decir lo correcto en el momento correcto

En Instagram, necesita cerciorarse seriamente de que dice lo correcto en el momento correcto. Al publicar el contenido correcto en el momento correcto, puede asegurar que se mantiene relevante y que su contenido refleja lo que a su público le está pasando o está pensando para que probablemente preste atención e interactúe con su contenido. La forma más fácil de decir lo correcto en el momento correcto en Instagram es seguir a su público y tomar buena nota de las últimas tendencias, preocupaciones y asuntos que puedan surgir a los que la gente esté prestando atención. Por ejemplo, si está en la industria del *blog* y escribe sobre la actualidad de los famosos, querrá mantenerse al tanto de todas las tendencias y cotilleos y escribir sobre ellos en cuanto les haya echado el ojo. Lo mismo pasaría con cualquier industria en la que está usted. El momento en el que ve una tendencia o tema apareciendo en su industria, tiene que apuntarse al carro, personalizar la forma de compartirla según su marca exclusiva y ofrecerla lo antes posible.

Además de seguir modas inesperadas que surgen en su industria, también necesita seguir tendencias anticipadas como días festivos o eventos programados que sean relevantes para su público. Por ejemplo, si está en la industria de la moda, debería prestar atención a eventos de moda populares como la semana de la moda o el desfile de Victoria's Secret. Si está en la industria tecnológica, estar al tanto de los lanzamientos de los últimos dispositivos y eventos importantes en esta industria como el evento anual E3. Este tipo de eventos ocurren de forma constante, y son de gran ayuda para que siga siendo relevante en su industria al seguir la información publicada por las personas que dirigen la industria como *influencers* y desarrolladores.

Es importante que evite hablar de cosas fuera de temporada o de lugar, ya que al compartir información mucho después de haber finalizado el evento puede hacerle parecer irrelevante o anticuado. Normalmente, la gente que ve a empresas compartiendo información desfasada creerán que esta empresa no presta atención o en realidad no le importa lo suficiente como para mantenerse al tanto de lo que está pasando en su industria. Como resultado, la gente simplemente no le seguirá.

Recuerde, vivimos en la era digital donde la información está disponible rápidamente, y las modas pueden surgir y desaparecer incluso más rápido. Necesita estar listo para sumarse a estas tendencias y empezar a crear el nombre de su marca en la cresta de la ola y no una vez la tendencia o información empiece a disminuir en popularidad. Si encuentra que mantenerse a la moda es más difícil de lo que parece, intente buscar tres o cuatro personas o *blogs* a los que seguir que se sumen rápidamente a las nuevas tendencias y présteles atención únicamente a estos individuos o recursos. De esta forma, no se abrumará intentando seguir a demasiadas personas a la vez y no se perderá entre lo que es relevante, lo que es realmente tendencia y lo que es completamente irrelevante para usted y su público.

Dirigirse a su público con sus palabras

Ya sabe que la forma principal de dirigirse a su público es a través de *hashtags*, ya que puede alcanzar a nuevos miembros de su público y empezar a aumentarlo rápidamente. Sin embargo, hay otro elemento verbal que entra en juego a la hora de crear un impacto a través de sus pies de foto y escritura, y es utilizar palabras que repercutan en su público. No querrá usar palabras que no tienen sentido para su público o que suenen completamente irrelevantes o desfasadas, ya que perderá el interés en leer lo que tiene que decir y supondrá un esfuerzo seguir lo que está intentando decirles.

La mejor forma de hablar como su público es prestar atención a lo que les importa, siguiéndoles también a ellos y escuchando cómo hablan. Desplácese por sus noticias regularmente y realmente lea lo que la gente a la que sigue dice para que pueda hacerse una idea de su lenguaje, el tono de sus mensajes y si utilizan coloquialismos especiales como palabras, frases o acrónimos que usan para conectar con sus públicos. Cuanto más lea los comentarios y pies de foto de su nicho, podrá familiarizarse más con su forma de hablar, lo que están usando y lo que están leyendo. De esta forma, podrá empezar a emular su lenguaje en sus propias publicaciones y decir cosas de forma que tenga sentido para su público.

Cuando empiece a imitar a su público, hay algunas cosas de las que tendrá que abstenerse para evitar que su público desconecte de lo que está diciendo. La cosa principal es que necesita evitar emular a su público hasta el punto de que pierda su autenticidad porque suena igual que las personas que ya están leyendo. Tenga en mente la voz de su marca y su declaración de principios y adapte el lenguaje de la industria a su tono y no al revés. Si su tono parece demasiado fuera de lugar para su industria, puede considerar ajustarlo ligeramente para adaptarse más a las necesidades de la industria, pero no empiece a cambiar su enfoque con demasiada frecuencia o dará la impresión de ser falso o poco de fiar.

La segunda cosa que tiene que evitar es crear mensajes repletos de jerga de la industria que es probable que sus seguidores corrientes no entiendan. Si intenta usar jerga de la industria usada comúnmente entre personas que venden productos y servicios en la industria, pero es poco probable que la reconozcan las que compran o siguen a esa industria, puede que pierda a sus seguidores únicamente porque no le entienden. No querrá abrir brechas o crear confusión en la promoción de su marca usando un lenguaje que su público no entiende porque puede hacer que sea innecesariamente complicado seguirle y apoyar su negocio. No se complique, hable de una forma que su público entienda y adapte el lenguaje de la industria para que encaje con el mensaje y propósito de su marca.

Sacar provecho a las historias de Instagram

Las historias de Instagram son una herramienta poderosa que puede usarse, no solo para nutrir a sus seguidores actuales sino también para atraer nuevos seguidores a su negocio. Cuando usa sus historias de Instagram correctamente, puede crear un influjo importante de interacción de sus seguidores, añadir una oportunidad personal de conectar con su marca y crear una página en general más interactiva. En Instagram, a la gente le encanta interactuar con las marcas que adoran y consumir todo su contenido que puedan e Instagram ofrece multitud de formas para que los seguidores hagan exactamente eso. Según sube historias a lo largo del día, usted crea la oportunidad de que sus seguidores sientan que usted está realmente pensando en ellos durante todo el día, estableciendo una conexión de afecto y compasión entre usted y sus seguidores. Esto no solo ayudará a mantener a sus seguidores actuales, sino que también ayudará a que seguidores nuevos o potenciales vean lo interactivo e íntimo que es con sus seguidores, de manera que querrán ser parte de sus seguidores también.

La razón por la que las historias funcionan es simple: la gente es cotilla y quiere conocer información privilegiada. Esto no es algo malo, sino una simple experiencia humana donde todos queremos ser parte de algo superior a nosotros, y queremos conectar con aquellos a nuestro alrededor para formar parte de ese algo superior. Puede posicionarse como el facilitador de ese "algo superior" convirtiendo su marca en una experiencia que la gente pueda disfrutar, y una entidad con la que compartir relaciones profundas y compasivas. Las historias le ofrecen una gran opción para esto porque cada foto o vídeo corto que comparte refleja una parte de sus experiencias personales entre bambalinas. También puede organizar sus historias para ofrecer un estilo incluso más íntimo y exclusivo compartiendo cosas que permitirán que otros se sientan realmente conectados a usted a través de sus noticias.

La clave para que sus historias sean íntimas y usarlas para atraer a nuevos seguidores y mantener sus actuales es asegurarse que el contenido que comparte en sus historias sea exclusivo y completamente diferente de lo que está compartiendo en otras partes. Sea muy consciente de compartir cosas más personales y privadas de lo que compartiría en IGTV o en sus noticias porque de esta forma la gente cree que está realmente viendo una perspectiva privada de su marca. Las historias de Instagram ya son de algún modo exclusivas, ya que, tras 24 horas, desaparecen y no pueden verse más. Puede jugar con esta exclusividad compartiendo el contenido ideal, mencionando cosas que compartió en historias anteriores que sus seguidores nuevos no pueden ver, e incluso mencionando directamente que sus historias son exclusivas. Diga cosas como "No pierdas de vista mis historias porque voy a anunciar una oferta exclusiva aquí primero… ¡Consíguelo 3 días antes solo por ver la historia!" o algo parecido.

La última forma de sacar provecho a sus historias es haciendo historias destacadas, que permiten ver extractos exclusivos de sus historias previas a sus seguidores nuevos. Si usted viaja regularmente y suele compartir con la gente experiencias de viaje íntimas, como los restaurantes en los que cena o la gente que conoce, podría considerar compartir esto en sus historias. Después, puede destacar algunos momentos de sus viajes más interesantes o emocionantes para que su público nuevo pueda volver atrás en sus historias y sentirse conectado con usted más profundamente de inmediato. Usar así sus historias destacadas es una gran oportunidad para mostrar a sus nuevos seguidores lo que esperar, darles ese sentimiento de haberle conocido a usted y a su marca desde hace mucho tiempo y aumentar su interés en usted desde el principio.

Usar IGTV para conseguir más seguidores

IGTV es una forma fantástica de aumentar el número de seguidores, ya que estos vídeos están disponibles hasta que usted quiera, de manera que sus seguidores pueden ver vídeos en su canal IGTV que subió hace días, semanas, meses o, incluso años, cuando lleve el tiempo suficiente. Puede usar IGTV para conseguir nuevos seguidores creando excelentes vídeos de IGTV y promocionándolos después en otros sitios en Internet para que sea más probable que la gente acabe en su canal y lo vea. Una vez vean su vídeo y la calidad del contenido creado, pueden escoger seguir su página para ver más, si deciden que usted les gusta.

La gran oportunidad clave con IGTV es que puede promocionar su canal IGTV igual que un canal de Youtube o cualquier otro contenido de vídeo gratuito en la red. Al crear contenido fantástico y compartirlo en la red, puede animar a individuos a ir a su Instagram para poder ver realmente los vídeos. Esto significa que puede canalizar gente desde Facebook, Twitter, Snapchat, correo electrónico y cualquier otra red social en la que pueda estar, hasta Instagram, para que puedan ver su contenido gratis y aprender de él.

Para que su contenido sea popular, necesita que sus vídeos de IGTV merezcan ser vistos. En otras palabras, tiene que crear contenido de alta calidad, interesante y relevante al que su público realmente quiera prestarle atención para que cuando lo comparta en otras plataformas, sea más probable que acaben en su canal y vean el contenido que creó. La mejor forma de crear contenido de valor es ofrecer entretenimiento, conocimiento u orientación con relación a su industria para que su público esté más atento y lo vea. Por ejemplo, si es astrólogo o astróloga, puede crear vídeos diarios ofreciendo el horóscopo del día. Si es comentarista deportivo, puede crear un video semanal destacando los momentos deportivos más memorables de la semana, o las últimas estadísticas de jugadores famosos o equipos, según el deporte que comente. Si es un instructor o instructora, puede crear un simple tutorial de 10 minutos o menos sobre cómo su público puede hacer algo por ellos mismos relacionado con su industria o campo de especialización. Crear contenido de calidad como este, hace más sencillo que su público entienda por qué y cómo obtienen valor de su IGTV, lo que significa que será más fácil promocionarlo y conseguir tracción de esa oferta.

Una vez haya creado un contenido increíble, úselo de todas las formas posibles. Compártalo en todas sus redes sociales, hable de ello en sus historias, escriba sobre ello en su última publicación, y asegúrese de guardarlo para el futuro. Si crea contenido atemporal, siempre puede mencionar vídeos antiguos una vez hayan pasado unas semanas o meses para usarlos de nuevo como una oportunidad de promoción. Por ejemplo, si es un maquillador o maquilladora e hizo un tutorial determinado, puede promover el vídeo nada más hacerlo y mencionarlo más tarde si nota que alguien famoso llevó un estilo similar en un evento reciente. Esta es una gran oportunidad de crear una pieza de contenido de máximo impacto, ya que puede ganar incluso más seguidores de una excelente inversión de tiempo. En cuanto a *marketing*, ¡esto es de lo que se trata!

Sacar provecho de *influencers* de la forma correcta

Las marcas y los *influencers* van de la mano, ya que ambos son responsables de ayudar a que el otro triunfe. Si todavía no se había percatado, los *influencers* son individuos que amasan seguidores fieles en una determinada industria y después publicitan marcas específicas de esa industria a su público actual. Un gran ejemplo de *influencer*, o familia de *influencers* más bien, sería la familia Kardashian-Jenner-West que es conocida por convertirse y mantenerse famosa por una razón que la mayoría de la gente no puede entender. Esto es porque esta familia en particular saltó a la fama al mismo tiempo que se establecieron los *influencers* y sacaron provecho de su estrellato para empezar a hacer acuerdos con marcas y avalar empresas. A estas alturas, la mayoría de los integrantes de la familia tienen sus propios negocios también, aunque siguen ganando dinero por anunciar otros productos a sus públicos respectivos.

Los *influencers* están centrados únicamente en congregar una enorme cantidad de seguidores que les gusta y confían en ellos dentro de una industria específica que les interese más y después publicitar a sus seguidores los productos y empresas que les gustan. Como marca, puede usar a los *influencers* de su industria para que prueben sus productos o servicios y promocionarlos a su público. Como su público ya está establecido y confía en el *influencer*, puede estar seguro de que una vez el *influencer* haya probado y avalado sus productos, su reconocimiento y ventas aumentarán también.

La clave aquí es trabajar con los *influencers* correctamente. En Instagram, hay una tendencia desafortunada de empresas intentando trabajar con *influencers* pero procediendo de forma errónea, lo que les hace perder mucho dinero en esta área de crecimiento potencial. Estas empresas, sin saber que están cometiendo semejantes errores drásticos, se encuentran intentando trabajar con *influencers* de poca calidad, o individuos que todavía no son *influencers* reales, lo que supone que no consiguen un gran impacto. En vez de poner sus productos en manos de gente que puede marcar la diferencia, intentan dárselos a gente que no tienen un impacto real en su público. Normalmente, animarán a potenciales *influencers* a comprar sus productos y ganar dinero cuando sus seguidores compren los productos. Al final, la forma principal de ganar dinero para la empresa es cuando los aspirantes a *influencers* compran sus productos en vez de cuando los promocionan a su público objetivo. Cuando las empresas usan este método, acaban pareciendo correo basura o simplemente descuidadas, es decir, empresas de segunda categoría de las que no se pueden fiar ni invertir en ellas. A la larga, esto lleva a una práctica insostenible que puede acabar prematuramente con una empresa que de otra manera podría haber triunfado en el espacio online.

Si realmente quiere sacar provecho de los *influencers*, tiene que asegurarse de que sus productos o servicios acaban en manos de gente que de verdad puede tener un impacto en su crecimiento porque ya están conectados con su público objetivo. Aunque puede que pierda dinero dando productos gratis a estos *influencers*, acabará ganando dinero porque llevarán mucho tráfico a su perfil y su página web. Para crear este impulso positivo y eficaz en su negocio, tiene que cerrar tratos con los *influencers* correctos. Sea muy consciente y cauteloso sobre a quién ofrece sus productos o servicios y asegúrese de que cada *influencer* con el que trabaja realmente puede impactar positivamente en su negocio. Igualmente, contacte con ellos de forma profesional a través de sus mensajes o correo electrónico, si lo proporcionan, y no a través de su sección de comentarios en sus fotografías, ya que parece poco profesional y como mensajes basura. Si quiere que su empresa parezca elegante, respetuosa y digna de confianza y de invertir en ella, necesita hacer estas inversiones a largo plazo adecuadamente.

Aumentar la visibilidad de sus publicaciones

Cuando publica en Instagram, quiere estar seguro de que realmente se vean sus publicaciones para maximizar su visibilidad, interacción y tracción en general. El algoritmo de Instagram favorece a los individuos que consiguen mucha tracción en sus publicaciones rápidamente asegurando que incluso más gente vea estas publicaciones al colocarlas en posiciones más favorables. Si quiere conseguir estas posiciones más favorables, hay algunas cosas que puede hacer para conseguir la máxima visibilidad y ganar más seguidores en general.

Como ya sabe, un horario de publicación es una forma valiosa de empezar a incrementar la visibilidad de sus publicaciones porque le permite ponerse al principio del todo de las noticias de "buscar y explorar" al mismo tiempo que su público está buscando su tipo de publicaciones. También puede interactuar con otra gente antes de publicar para así aparecer más arriba en sus noticias con sus publicaciones nuevas. Otra forma de aumentar su visibilidad es escoger *hashtags* usados solamente 300.000 veces o menos en total, ya que estas hacen que sea más sencillo para usted aparecer en la sección de "publicaciones destacadas" de ese *hashtag*. La mayoría de la gente ojeará estas publicaciones primero, de manera que, que le vean en esta sección asegura que la gente en su público objetivo le vea con más frecuencia.

Otra forma de ampliar su visibilidad es creando publicaciones de alta calidad y publicarlas sistemáticamente entre una y tres veces al día. Cuanto más publique, más será visto, y si la calidad de su contenido es mayor, la gente va a continuar siguiéndole y prestando atención a su página. Cuando publique, siga todas las estrategias del capítulo 8 para crear contenido en el que la gente quiera fijarse e interactuar con él. Nunca publique una foto con demasiada poca calidad, ya que puede acabar con menos seguidores o que la gente deje de seguirle porque piense que su calidad está bajando. Puede que note que los *influencers* y marcas más grandes publican de vez en cuando fotografías de poca calidad, y la razón por la que pueden hacerlo es sencilla. Ya tienen una gran cantidad de seguidores y es poco probable que sufran las consecuencias por una imagen. Usted, en cambio, puede recibir un gran golpe al principio. Tiene que evitar que la gente piense que está publicando de ninguna manera contenido de poca calidad, ya que puede perder credibilidad y seguidores.

Por último, si quiere conseguir de verdad la máxima visibilidad, interactúe específicamente con la gente que le está siguiendo. Estos son los individuos que ya le están viendo en sus noticias, de manera que lo más probable es que sean ellos los que interactúen con usted rápidamente después de publicar contenido nuevo. Si puede conseguir que sus seguidores actuales interactúen con usted rápidamente, será más fácil para sus nuevos seguidores encontrarle en sus páginas de "buscar y explorar" o en las pestañas de publicaciones destacadas, facilitando que su público objetivo le descubra y le siga.

Interactuar con sus seguidores

Esto nos lleva a nuestro siguiente paso: ¡interactuar con sus seguidores! Esta es una forma fantástica de mantener sus seguidores actuales, pero también de descubrir nuevas personas que querrán seguirle. Piénselo así: sus seguidores actuales ya forman parte de su público objetivo, lo que significa que probablemente conectan con personas que son parte de su público objetivo también. Al ir a la página de sus seguidores y conectar con ellos a través de su contenido, establece una conexión mayor con estos, aumentando también su capacidad de ser encontrado por sus seguidores y amigos. Cuando su público ve que comenta en sus publicaciones, si están interesados en lo que su marca tiene que ofrecer, puede que vayan a su página y le ubiquen. Así que, esto no solo mejorará los resultados del algoritmo a su favor, sino que también añadirá otra avenida para que la gente le descubra en Instagram.

Otra forma de aprovechar sus actuales seguidores para conseguir más es ir a la página de sus seguidores y pulsar en fotos relevantes para su industria. Por ejemplo, si vende bicicletas y un seguidor publica una imagen suya haciendo ciclismo de montaña campo a través, esto sería relevante para su industria. Después puede mirar la lista de todos a los que les ha gustado esa foto y empezar a interactuar con estos individuos yendo a sus páginas, indicando que le gusta su contenido, comentando en algunas de sus fotos que le gusten y siguiendo a ese individuo. Esto muestra un interés genuino, le ayuda a destacar frente a esta persona y aumentar las posibilidades de que le siga a usted también. Instagram solo permite seguir o dejar de seguir a 60 personas cada hora, así que tenga cuidado a la hora de utilizar esta herramienta para que no parezca que está acribillando o agobiando al algoritmo o a su público.

Una vez le sigan estos individuos, su proceso de revisar sus seguidores e interactuar con su contenido le ayudará aún más a mantener y aumentar su número de seguidores porque deja claro que a usted les importa. Si interactúa con alguien solo para conseguir que le sigan y nunca más se comunica con esta persona, la gente empezará a ver su marca como superficial y puede llevar a que dejen de seguirle o interactuar con su contenido. Sea genuino y esté en contacto con ellos lo máximo que pueda para que siempre esté forjando mejores relaciones con su público actual y nuevas relaciones con su público potencial.

Por último, siempre que su público conecte con usted comentando sus fotos, contestando a sus historias o mandándole mensajes, asegúrese de interactuar también con ese individuo. Esto muestra que ellos, y lo que tienen que decir, le importa de verdad, y crea una relación positiva entre usted y ese individuo. Cada día, dedique parte de su tiempo a responder a todas estas formas de interacción para invertir en construir un público comprometido. En Instagram, que se basa en su experiencia social, devolver un poco esa interacción puede ofrecerle mucho en cuanto a cimentar aficionados y relaciones de por vida con su público.

Analizar sus resultados para incrementar su crecimiento

Finalmente, tiene que analizar sus resultados en Instagram para incentivar un mayor crecimiento de su plataforma. Puede analizar sus resultados a través de las estadísticas dentro de la *app* de Instagram o a través de una aplicación de terceros, si decide usar una de esas. Puede proceder como se desenvuelva mejor, siempre que las revise regularmente para ver cómo está rindiendo su contenido. Al consultarlas periódicamente, puede monitorizar claramente tendencias de lo que le gusta más a su público, qué contenido consigue más interacción, y qué obtiene más "me gusta" en su página. Mientras vigila estas tendencias, se hará más sencillo para usted entender qué tipo de imágenes, contenido y ofertas le gusta más a su público, lo que significa que todo lo que tiene que hacer es empezar a crear más contenido de este tipo en su página.

Sus estadísticas no solo van a ayudarle a descubrir qué tipo de contenido necesita crear para su página, sino que también le ayudarán a determinar qué debería estar creando y ofreciendo más a su público. Estos números le dirán exactamente qué productos o servicios disfruta más su público y qué compran más. Con esta información puede ofrecer más productos o servicios en línea con lo que más le gusta a su público. Si su negocio está únicamente en Instagram, puede crear ofertas específicas para su público en esta plataforma y simplemente centrarse en expandir su empresa en el área que su público de Instagram le gusta más. Si su negocio está en varias plataformas, entonces puede fijarse en sus estadísticas en todas las plataformas e incorporarlo en sus futuras ofertas. Si descubre que los datos varían de una plataforma a otra, considere crear una variedad de ofertas y vender las que mejor funcionan en cada plataforma exclusivamente en esa. Por ejemplo, si es un técnico o una técnica informática y se da cuenta de que en Instagram la gente está más interesada en comprarle productos técnicos y accesorios, pero en Facebook le compran más sus servicios en concreto, puede promocionarlos respectivamente. Cuando tenga un producto nuevo disponible, concentre la promoción de ese producto en Instagram y solo ligeramente en Facebook. Entonces, cuando tenga un servicio que ofrecer, dé más importancia a la promoción en Facebook y menciónelo únicamente un par de veces en Instagram. De esta forma, ambos públicos saben que hay más de su negocio que lo que está compartiendo exclusivamente en esa plataforma, pero no está bombardeando a ninguno de los públicos con contenido al que normalmente no van a prestar atención.

La última parte de sus estadísticas que tiene que revisar para asegurar un crecimiento eficiente es la relación entre su público en Instagram y su público objetivo real. En Instagram, unos cuantos errores accidentales pueden llevar a tener un público completamente fuera de su objetivo, con lo que puede acabar teniendo muchos seguidores que en realidad no están interesados en comprarle nada a usted o a su empresa. Si nota que su público objetivo y su público en

Instagram no están en línea, o que su público en Instagram parece interactuar con su contenido, pero realmente nunca compra nada, necesita examinar su estrategia. Tiene que reforzar las partes de su público que verdaderamente van a sustentar sus ratios de conversión al convertirse en clientes rentables; si no, su tiempo empleado en Instagram será inútil.

Si se da cuenta de que no consigue el impacto deseado, vuelva al principio de este libro y empiece a revisar los capítulos donde hablamos sobre cómo definir su nicho y encontrar su público en Instagram. Refrescar esta información y continuar con una perspectiva renovada le puede ayudar a conectar realmente con la gente con la que pretende conectar, ¡como aquellos que quieren pagar por sus productos o servicios!

Capítulo 11: Vender en Instagram

Vender en Instagram se produce en tres simples pasos: crear embudos de ventas; promocionar a la gente que es más probable que compre, y usar anuncios para alcanzar a esa gente eficazmente. En este capítulo, vamos a explorar estas tres oportunidades para vender y cómo usarlas para maximizar sus conversiones a través de la plataforma de Instagram.

Aunque hay muchas formas de redactar sus textos de ventas y muchas áreas en las que publicar en Instagram, normalmente hay tres formas en las que va a poder encontrar seguidores que realmente quieran pagar por sus productos. Los embudos de ventas son la primera, y se usan para dirigir a gente por su perfil de forma metódica para que finalmente hagan clic en su enlace y compren los productos que usted ya les creó interés online. Estos son los más fáciles de crear, pero conllevan algo de práctica, ya que puede ser complicado saber cómo dirigir a la gente sutilmente por su perfil a través de sus historias, publicaciones y vídeos de IGTV. La segunda forma de vender en Instagram es arrastrar a gente a su tienda, si tiene una, con *marketing* local. Lo que lleva leído ha estado dedicado a localizar clientes globales, así que vamos a centrarnos en atraer clientes locales si dirige un negocio físico en su ciudad. Para terminar, los anuncios son otra forma fantástica de vender, ya que dejan claro desde el principio que hay algo que se puede comprar. Puede usar anuncios como publicaciones o historias, dependiendo de su presupuesto y dónde cree que sus anuncios van a conseguir la mayor tracción.

Crear embudos de ventas en Instagram

Dado que Instagram ofrece abundantes oportunidades de conectar con sus seguidores, es fácil para usted encajar Instagram dentro de su embudo de ventas y empezar a conseguir un ratio de conversión mayor a través de su cuenta. Construir su embudo de ventas en Instagram le llevará algo de planificación, ya que tiene que cerciorarse de que cada canal en la plataforma está dirigiendo a gente a través de un "embudo" hasta que acaben en su página web y encuentren sus productos para que puedan empezar a comprar con usted. Hay dos formas diferentes de arrastrar a gente a su página web: directa o indirectamente.

Mover directamente a gente a su página web significa que hace una publicación e inmediatamente manda a gente a su página web para que puedan empezar a comprar con su marca. Usted hace esto cada vez que publica algo y anima a la gente a ir al enlace en su biografía y comprar el producto o servicio del que estaba hablando en la publicación. También puede tener el mismo impacto mandando a gente a su enlace a través de sus historias o su canal de IGTV. Mientras que esté directamente pidiendo a alguien que vaya a su enlace, está directamente encarrilándole a través de su embudo. Esto significa que los embudos directos tendrán un elemento directo, ya que en algún momento tendrá que redirigir a gente de su perfil de Instagram a su página web.

Los embudos de ventas indirectos son una forma genial de ofrecer abundante información a su público antes de que abandonen su página para ojear su página web como les ha dicho que hagan. Dado que les está conduciendo por dos o tres publicaciones, puede proporcionar bastante información y conocimiento diverso sobre sus productos, servicios o marca antes de que terminen en su página web. Hay muchas formas diferentes de dirigir a la gente por su perfil de Instagram, dependiendo de lo que intente lograr y el tipo de contenido que tiene que ofrecer. Por ejemplo, puede animar a alguien que está viendo su historia a mirar una publicación, y después, cuando ojeen la publicación, puede tener un extracto escrito que le motiva a ver su último vídeo de IGTV y después ese vídeo le puede llevar a su página web. También puede tener una publicación que dirige a la gente a su página web y, después, usar sus historias, IGTV y vídeos en directo para conducir a todo el mundo a esa primera publicación, donde leen su contenido antes de hacer clic hacia su web.

Cómo escoge canalizar a la gente a través de su página y hacia su web depende de usted, aunque siempre debería hacer esto o trabajar hacia crear un embudo para asegurar que está dirigiendo a la gente a donde puedan pagar por sus productos y servicios. Dicho esto, absténgase de basar todas las publicaciones, historias y vídeos en promocionar o canalizar a gente porque se darán cuenta rápidamente de lo que está haciendo y dejarán de seguirle. Algunas de sus publicaciones deberían estar dedicadas exclusivamente a atraer nuevos miembros de su público a su perfil a través de contenido valioso, información interesante, imágenes de alta calidad, y estrategias para forjar relaciones como las expuestas previamente en este libro.

Por supuesto, si está construyendo un embudo de ventas en su perfil de Instagram, es lógico que incluya este embudo de ventas en su página web también. Cuando la gente llegue a su página web, deberían ser paseados claramente por su sitio web para aprender más sobre quién es y qué tiene que ofrecer antes de que lleguen a una página donde puedan ver sus productos y servicios. De esta forma, ya saben que les gusta su marca y que quieren trabajar con usted o comprarle cosas incluso antes de llegar a su página de ventas. También debería tener un mensaje emergente para capturar correos electrónicos en su web para empezar a almacenar los correos de la gente y crear un boletín electrónico dentro de su embudo. Recuerde: algunas personas tendrán que aterrizar en su sitio web varias veces antes de que realmente paguen por sus productos o servicios. Va a tener que canalizar continuamente a la gente hacia su página web y dar a conocer sus ofertas para que la gente pueda acabar constantemente en su web y después tomar la decisión de comprarle algo. Lo crea o no, cuanta más gente acabe en su página web, más conectados se sienten a usted, así que, aunque no compren nada inmediatamente, recordarán sus visitas previas y empezarán a sentirse motivados a comprarle cuantas más veces aterricen en su página.

Estrategias de *marketing* local

La mayoría de las estrategias que hemos estado usando para conseguir posibles nuevos clientes son bastante generales y funcionan genial si está dirigiendo un negocio global o remoto donde la ubicación de sus clientes no es del todo importante. Sin embargo, si usted dirige un negocio local, tendrá que abordar su estrategia de *marketing* de forma un poco diferente para que pueda llegar hasta su público objetivo en su área local. La forma de enfocarse en su mercado local es simple, aunque requerirá un poco de planificación y práctica por su parte para alcanzar a la gente con la que tiene la intención de contactar.

Lo primero que debería estar haciendo es buscar *hashtags*, especialmente aquellos relacionados específicamente con su industria. Por ejemplo, si hace velas como profesión, puede usar *hashtags* como #velasmadrid o #velasbuenosaires que son exclusivos de su área local. También puede empezar a usar *hashtags* específicos para emprendedores o determinadas aficiones relevantes en su área local para que cuando tome fotos, pueda usar estos *hashtags* y conectar con otra gente en su área que estaría interesada en lo que tiene que ofrecer. Al usar *hashtags* locales de esta forma, puede asegurarse de que alcanza a la gente que está cerca de usted y accede a su mercado local, que será más relevante para su público objetivo.

Otra forma de promocionar sus productos o servicios a su público local es en persona, usando estrategias para arrastrar a la gente que conoce en persona a su cuenta de Instagram. Ya que, probablemente, está usando otros métodos de difusión en persona para conectar con su público local, puede usar esto como una oportunidad para que la gente le siga en Instagram y usar esta plataforma para mantenerles al tanto de sus últimas ofertas, rebajas, y nuevos productos o servicios. Muchas marcas harán esto informando a gente sobre su Instagram por el boca a boca; incluyendo su nombre de usuario de Instagram en sus tarjetas de visita, y poniendo su nombre de usuario en algún lugar de su tienda física para que la gente lo pueda encontrar y verlo. Una forma especialmente singular de que la gente promocione su marca en persona es ofrecer un momento fotográfico para que la gente se saque fotos en su propia tienda. En este momento fotográfico, normalmente incluirán el nombre de la tienda y un *hashtag* exclusivo que la gente puede usar para etiquetar la tienda y su *hashtag* exclusivo en su foto, que no solo conecta el público local con la marca, sino que también genera una promoción sin coste. Otra práctica similar que se ha usado en cafeterías y bares es tener el logo de Instagram dibujado en la pizarra de especiales con el nombre de usuario del establecimiento a su lado y el número de seguidores de la empresa actualizado en vivo. Cada vez que alguien nuevo les sigue, actualizan el número en la pizarra para que puedan compartir su crecimiento con su público personal ahí mismo en su tienda.

Lo ideal sería usar todas las estrategias diferentes que pueda para arrastrar a su público online a su local físico, y viceversa. Cuanto más pueda conectar con gente, tanto online como offline, más relevante se mantendrá en sus vidas y, por tanto, será más probable que consiga vender a través de sus estrategias de *marketing* en Instagram.

Diseñar anuncios

La última forma de aumentar las ventas desde Instagram es usando anuncios, que pueden aparecer en la sección de noticias o historias, dependiendo del tipo de anuncio que decida pagar. Puede usar uno u otro, o mejor, puede usar ambos en su plataforma para que pueda alcanzar a todas las personas que pueda según su método de consumo de contenido preferido en Instagram. Si tiene seguidores que prefieren consumir contenido a través tanto de las noticias como de las historias, se encontrarán con sus anuncios el doble de veces, de manera que será el doble de probable que sigan el enlace y vean lo que tiene que ofrecer.

Hay tres tipos diferentes de anuncios que puede ofrecer en Instagram: vídeos, imágenes estáticas y carruseles de imágenes. Un carrusel de imágenes no funcionará en los anuncios de las historias de Instagram, así que tendrá que elegir un método diferente de anuncio si va a usar historias de Instagram. Cada anuncio tiene sus propias ventajas exclusivas, aunque el asunto es que cuanto más exponga su marca frente a su público, será más probable que hagan clic en el anuncio y vean su página web o le sigan. Además, sus anuncios se dirigirán a más gente que simplemente su público actual, lo que le proporcionará un canal adicional para ayudarle a captar nuevos seguidores y clientes a través de la plataforma.

Puede configurar sus anuncios en Instagram yendo a su cuenta de Facebook y abriendo una cuenta publicitaria. A continuación, puede pulsar "Crear un anuncio" en el lado izquierdo de la pantalla y necesitará seguir las indicaciones que le facilitan. El administrador de anuncios de Facebook le preguntará cuáles son sus objetivos con su anuncio, qué quiere que haga la gente cuando vea su anuncio y cómo quiere diseñar el anuncio. Puede, entonces, diseñarlo y escoger en qué plataformas quiere que aparezca, cómo, por cuánto tiempo y con qué presupuesto. También determinará quién quiere que vea el anuncio según su grupo demográfico, intereses, y si ya están siguiéndole. Una vez haya establecido estos parámetros, todo lo que tiene que hacer es publicar el anuncio y empezará a aparecer en todas las áreas donde indicó que lo haría.

A la hora de desplegar anuncios, es importante que use imágenes de alta calidad que sean muy claras respecto a lo que están anunciando para que su público inmediatamente sepa lo que está compartiendo con ellos y si despierta su interés o no. También necesita usar un pie de foto directo, atrayente e interesante. Básicamente, debería seguir exactamente los pasos descritos en el capítulo 8. Asegúrese de que echa el resto con estas publicaciones para crear algo digno que haga que la gente se detenga y le preste atención a lo que le está promocionando.

Si no es un experto o experta en tecnología o está teniendo problemas para crear imágenes eficaces para sus anuncios, puede considerar contratar a una agencia profesional de publicidad de redes sociales para ayudarle a crear anuncios de alta calidad. Muchos individuos se dedican profesionalmente a crear anuncios y subirlos a las redes sociales para que pueda empezar a ver mejores resultados de sus anuncios de pago. Mientras que esto le costará más dinero, porque está pagando a otra persona por diseñar sus anuncios, probablemente consiga mayor tracción, de manera que merezca la pena la inversión.

Capítulo 12: Cuando los gurús mienten

Desde el lanzamiento de Instagram ha habido muchos "gurús" que sostienen que saben exactamente cómo conseguir que se vean sus publicaciones, hacer que crezca su página más rápido y que le vean. Presumen de tener una estrategia única si su página no tiene la suficiente tracción, y pueden conseguirle miles de seguidores "reales" de la noche a la mañana. Siendo realistas, estos gurús normalmente sueltan disparates que no le ayudarán realmente a expandir su página adecuadamente. En este capítulo, vamos a hablar sobre seis mitos muy comunes que los llamados gurús del *marketing* e Instagram defienden, y la verdad sobre ellos.

Mito #1: Instagram no importa

El primer mito extendido por gurús del *marketing* es que Instagram no importa y que puede expandir su negocio fácilmente en cualquier otro sitio sin usar esta plataforma. La realidad es que Instagram es, de hecho, una de las redes sociales más grandes y prácticamente todas las empresas pueden aumentar su público y su tasa de conversión a través de Instagram si lo usan de forma apropiada. No hay modelos específicos que funcionan mejor en Instagram, ya que cada empresa puede entrar en la plataforma y empezar a crear su estrategia exclusiva que les funcione mejor. Si tiene una empresa en el siglo XXI, necesita desarrollar su público en esta red social. Incluso si su público consiste principalmente en ancianos o niños o gente que probablemente no esté en Instagram, la gente que mantiene a estas personas a la hora de comprar sí está en Instagram.

Mito #2: Puede ser bloqueado

En 2018, surgió un mito inmenso de que Instagram le puede bloquear (o *shadow ban*), que básicamente significa que Instagram no mostrará sus publicaciones a nadie en la plataforma. La verdad es que los *shadow bans* no son reales. Si fuese a ser bloqueado o no mostrase sus imágenes a la gente en la red social, le bloquearían de verdad, en vez de hacerlo de forma disimulada donde Instagram ni se molesta en informarle. Lo que normalmente pasa cuando la gente afirma que ha sido *shadow banned* es que no están utilizando estrategias de *marketing* eficaces y, por tanto, nadie más los ve en la plataforma. Si solo consigue una interacción mínima, lo más probable es que no esté usando publicaciones y estrategias de *marketing* eficientes y, por consiguiente, su visibilidad orgánica es baja, y necesita trabajar más para aumentar su visibilidad. Considere usar las estrategias descritas previamente en este libro para ayudarle a conseguir la máxima visibilidad y empezar a conseguir más seguidores en Instagram.

Mito #3: No importa el contenido de vídeo

Mucha gente se siente intimidada por la creación de contenido de vídeo y, lamentablemente, algunos estrategas de *marketing* mediocres les dicen que pueden usar la plataforma de forma eficaz sin vídeos para comercialización. La verdad es que puede usar la plataforma y conseguir triunfos sin vídeos, pero no va a estar ni cerca de conseguir todo lo que podría si incorporase contenido de vídeo en su estrategia. En el fondo, sus seguidores quieren sentirse conectados con su marca y con la gente que la dirige, y eso se hace mejor creando contenido de vídeo para que sus seguidores interactúen con él. Puede crear contenido de video a través de sus historias, vídeos en directo, IGTV o incluso creando vídeos cortos para usar en sus publicaciones o anuncios.

Cuando esté creando vídeos, asegúrese de crear vídeos de alta calidad y de que se concentra en sentirse a gusto frente a la cámara. Ya que el vídeo *marketing* está creciendo en popularidad, muchas personas están usando equipos de alta calidad, iluminación profesional y salen bien en cámara. Aunque no necesita un equipo profesional ni ser una estrella de la televisión, usar iluminación de alta calidad o colocarse con luz natural, usar una cámara que grabe al menos en 1080p (la mayoría de los *smartphones* graban en 1080p o 4k), y practicar habitualmente es crucial. Cuanto más practique grabar vídeos, más cómodo se sentirá al crearlos, y sus vídeos serán mejores con el tiempo. A medida que crezca, puede considerar trabajar con un cámara profesional para crear vídeos profesionales para sus anuncios y publicaciones. De nuevo, no es necesario, pero, por supuesto, puede hacerlo si quiere superarse y tener contenido de alta calidad.

Mito #4: La interacción simplemente surge

Otro mito muy común en la industria del *marketing* es decir que la interacción simplemente surge. Esto estaría en línea con "créelo y vendrán", que es completamente falso. Este mito no era correcto antes de Internet y continúa así incluso con Internet. La realidad es que no es el trabajo de sus seguidores seguirle, es su trabajo el encontrarles. Es usted el que está creando productos y servicios e intentando encontrar gente que los compre, así que necesita esforzarse para poner a su marca frente a la gente y ganarse su confianza y lealtad.

Cuando entra en Instagram, tiene que estar dispuesto a hacer lo necesario para empezar a crear interacción en la plataforma. Tiene que aceptar su responsabilidad si su interacción no está aumentando y no consigue el número de seguidores que le gustaría. Al final, el problema no son sus seguidores sino su inhabilidad para contactar con ellos de forma efectiva, así que necesitará hacer lo necesario para ajustar su enfoque para ponerse frente a sus seguidores y ser visto. Si no consigue los resultados que desea, analice sus estadísticas y busque oportunidades para empezar a crear un mejor efecto en la plataforma.

Mito #5: Las estadísticas no importan

Aunque no tiene que prestar atención exactamente a sus estadísticas, está garantizado que si no lo hace no generará el impacto que desea. Sus estadísticas literalmente le dicen de forma precisa lo que le gusta a su público, lo que no le gusta y qué quieren ver más de usted en su página de Instagram. Si no vigila sus estadísticas y ofrece más contenido basado en lo que a su público le gusta, podría estar perdiendo dinero porque está ignorando directamente lo que su público le dice. Cuando esté creando nuevo contenido, revise sus estadísticas para ver lo que más les gusta a sus seguidores y cree más contenido de esa naturaleza. Si está publicando contenido que normalmente no recibe muchos me gusta en su perfil, intente utilizar estrategias de sus publicaciones eficaces para crear una publicación de mayor calidad que consiga mejor participación. Siempre hay formas en las que sus estadísticas pueden ayudarle a crear contenido de mayor calidad, así que no subestime esta información basado en la falsa creencia de que "las estadísticas no importan".

Mito #6: El éxito está garantizado

Para finalizar, como con todo, el éxito nunca está garantizado. El mito de que puede entrar en Instagram y triunfar fácilmente como empresario o empresaria de la noche a la mañana es falso y, en muchos casos, será una peligrosa pérdida de tiempo para su negocio si cree eso. Puede que la estrategia con la que entre en Instagram no sea lo suficientemente fuerte como para hacer que su empresa triunfe en Instagram y, si se niega a adaptarse a la plataforma y aprender sobre la marcha, puede que nunca llegue el día donde alcance sus metas en la red social. Por desgracia, mucha gente le dirá que puede garantizar su éxito si sigue ciertas estrategias, se comporta de determinada forma o participa de una forma particular. La verdad es que no todo el mundo triunfará en Instagram porque no todo el mundo está preparado para someterse a la curva de aprendizaje de la plataforma y empezar a trabajar con ella en vez de a su manera propia. Aunque la autenticidad y la simplicidad son claves, si no comparte cosas que la gente quiera ver y prestarle atención, simplemente no conseguirá tracción en la red social. A fin de cuentas, Instagram no es para todos, y si no está preparado para aguantar la curva de aprendizaje; aprender a analizar sus datos; crear contenido de alta calidad y crecer con la plataforma, su éxito no está, efectivamente, garantizado.

Conclusión

Enhorabuena por completar el libro *Marketing en Instagram: cómo dominar su nicho en 2019 promocionando su pequeña empresa y marca personal en una red social súper popular y aprovechar a sus influencers*.

Este libro se escribió para ayudarle a lanzar o expandir su negocio en Instagram en 2019. Aunque puede ser difícil determinar exactamente qué nuevas funciones saldrán en 2019 o qué tendencia surgirá, una cosa está clara: algunas tendencias no se van a ninguna parte y probablemente evolucionarán a lo largo de 2019. Si quiere expandir su negocio de forma masiva en esta plataforma, necesita hacerlo lo mejor posible para subirse al carro de estos cambios, esforzarse para establecerse, y centrarse en crear una consistencia en su planificación para Instagram. Cuanto más consistente sea, más crecerá su número de seguidores y los retendrá más debido a su interacción e imagen uniforme.

Espero que, tras leer este libro, se sienta más seguro para establecer una estrategia de *marketing* potente en Instagram que pueda usar para abordar esta red social en 2019. Desde generar contenido de alta calidad hasta poner ese contenido frente a su público y aprender a aumentar su participación, hay muchas estrategias necesarias para expandir su cuenta de Instagram. Dicho esto, una vez aprenda cómo funciona el proceso, parecerá sencillo usar Instagram, y seguirá consiguiendo el máximo crecimiento a lo largo del tiempo. Las etapas de aprendizaje iniciales son las más complicadas, pero una vez le pille el tranquillo, será mucho más fácil crecer en Instagram o en cualquier otra plataforma que pueda estar usando para expandir su negocio online.

Recuerde: según erija su cuenta, siempre busque crear embudos de ventas que pueda usar para dirigir a gente desde su perfil hasta su página web para que puedan empezar a aprender sobre sus productos y servicios. Aunque puede que no le compren la primera vez que acaben en su página, cuantas más veces lleguen ahí, más probable será que compren algo de su empresa. Además, es una forma fantástica de llevar nuevos seguidores a su sitio web para que pueda empezar a forjar reconocimiento de marca e interés en estos nuevos seguidores también.

Una vez haya terminado de leer este libro, la mejor forma de proceder es asegurarse de que su cuenta refleja su marca: empiece a crear una imagen atractiva en su cuenta y después empiece a amasar seguidores usando las estrategias propuestas en este libro. Una vez haya colocado la base, simplemente necesita ser constante para conseguir crecer.

Por último, si disfrutó de este libro y sintió que le ayudó a entender cómo plantearse mejor Instagram en 2019, por favor, dedique algo de tiempo a escribir su opinión sobre el libro en Amazon Kindle.

¡Gracias y mucha suerte en 2019!